Ablaufplanung

Lizenz zum Wissen.

Sichern Sie sich umfassendes Wirtschaftswissen mit Sofortzugriff auf tausende Fachbücher und Fachzeitschriften aus den Bereichen: Management, Finance & Controlling, Business IT, Marketing, Public Relations, Vertrieb und Banking.

Exklusiv für Leser von Springer-Fachbüchern: Testen Sie Springer für Professionals 30 Tage unverbindlich. Nutzen Sie dazu im Bestellverlauf Ihren persönlichen Aktionscode C0005407 auf *www.springerprofessional.de/buchkunden/*

Jetzt 30 Tage testen!

Springer für Professionals.
Digitale Fachbibliothek. Themen-Scout. Knowledge-Manager.

- Zugriff auf tausende von Fachbüchern und Fachzeitschriften
- Selektion, Komprimierung und Verknüpfung relevanter Themen durch Fachredaktionen
- Tools zur persönlichen Wissensorganisation und Vernetzung

www.entschieden-intelligenter.de

Springer für Professionals

Florian Jaehn · Erwin Pesch

Ablaufplanung

Einführung in Scheduling

Florian Jaehn
Universität Augsburg
Augsburg, Deutschland

Erwin Pesch
Universität Siegen
Siegen, Deutschland

ISBN 978-3-642-54438-5 ISBN 978-3-642-54439-2 (eBook)
DOI 10.1007/978-3-642-54439-2

Die Deutsche Nationalbibliothek verzeichnet diese Publikation in der Deutschen Nationalbibliografie; detaillierte bibliografische Daten sind im Internet über http://dnb.d-nb.de abrufbar.

Springer Gabler
© Springer-Verlag Berlin Heidelberg 2014
Das Werk einschließlich aller seiner Teile ist urheberrechtlich geschützt. Jede Verwertung, die nicht ausdrücklich vom Urheberrechtsgesetz zugelassen ist, bedarf der vorherigen Zustimmung des Verlags. Das gilt insbesondere für Vervielfältigungen, Bearbeitungen, Übersetzungen, Mikroverfilmungen und die Einspeicherung und Verarbeitung in elektronischen Systemen.

Die Wiedergabe von Gebrauchsnamen, Handelsnamen, Warenbezeichnungen usw. in diesem Werk berechtigt auch ohne besondere Kennzeichnung nicht zu der Annahme, dass solche Namen im Sinne der Warenzeichen- und Markenschutz-Gesetzgebung als frei zu betrachten wären und daher von jedermann benutzt werden dürften.

Lektorat: Michael Bursik, Assistenz: Janina Sobolewski
Illustration: Agnieszka Wejher-Jaehn

Springer Gabler ist eine Marke von Springer DE. Springer DE ist Teil der Fachverlagsgruppe Springer Science+Business Media.
www.springer-gabler.de

Inhaltsverzeichnis

1. **Einleitung**   3
2. **Maschinenumgebungen, Ablaufeigenschaften, Ziele**   11
3. **Komplexitätstheoretische Grundlagen**   21
   3.1. Entscheidungsprobleme und deren Kodierung 21
   3.2. Deterministische Turingmaschine 24
   3.3. Nichtdeterministische Turingmaschine und NP-Schwere . 28
4. **Einmaschinenmodelle**   37
   4.1. Minimierung der Gesamtdauer 38
   4.2. Minimierung der (gewichteten) Fertigstellungszeitpunkte . 39
   4.3. Vom Liefertermin abhängige Zielfunktionen 43
5. **Modelle mit parallelen Maschinen**   51
6. **Flow Shops**   63
7. **Job Shops**   71
   7.1. Das Verfahren von Akers 71
   7.2. Das Verfahren von Giffler und Thompson 75
   7.3. Die Shifting-Bottleneck Heuristik 82
8. **Open Shops**   91
9. **Ablaufplanung in der Praxis**   99
   9.1. Anwendungsbeispiele 102
   9.2. Metastrategien 106

A. **Aufgabensammlung**   115

B. **Lösungen zu den Aufgaben**   129

Literatur 167

Stichwortverzeichnis 173

1. Einleitung

Eine Zuordnung von begrenzten Ressourcen über eine gewisse Zeit, beispielsweise die Zuordnung von Personal, Maschinen, Werkzeug, etc. zur Erledigung von Aufträgen (Jobs) innerhalb einer bestimmten Zeit, ist in fast allen Bereichen unternehmerischen Handelns unverzichtbar, kritisch und schwierig. Die dabei auftretenden Herausforderungen ähneln sich und können sehr allgemein formuliert und gelöst werden, unabhängig davon, ob es sich um Probleme in der Logistik, der Produktion, der Beschaffung, des Marketing oder gar des Zugriffs auf Datenbanken und Fragen des Compilerbaus handelt. Auch wenn nicht unmittelbar ersichtlich, so gibt es große Ähnlichkeiten zwischen der Zuordnung von Produktionsaufträgen auf verschiedene Maschinen und der Fragestellung, welche Anwendungen auf welchem Kern eines Mehrkernprozessors ausgeführt werden sollen. Die Liste von denkbaren Aufgaben deren Ausführung bestimmte Ressourcen erfordert, scheint endlos: Flugzeugbewegungen brauchen Start- und Landebahnen, Kundenaufträge werden von Servicemitarbeiter erledigt, Familienmitglieder, die vorm Frühstück duschen wollen, belegen das Badezimmer, etc. Gemeinsam ist jedoch allen, dass benötigte Ressourcen nicht in beliebiger Menge verfügbar sind.

Entsprechend nähern wir uns dieser Thematik, indem wir die Ablaufplanung sehr allgemein auffassen. So werden im Wesentlichen nur drei Grundannahmen getroffen:

1. Jede Ressource kann zu einem bestimmten Zeitpunkt maximal einem Auftrag zugeordnet werden.
2. Es gibt keinen Ressourcenverzehr, d.h. dass nachdem die Zuordnung einer Ressource zu einem Job endet, die Ressource wieder in vollem Umfang verfügbar ist.
3. Ein Job nutzt zu jedem beliebigen Zeitpunkt maximal eine Ressource.

Die zweite Annahme bedeutet, dass die Ressourcendefinition hier keine Verbrauchsrohstoffe wie z.B. Benzin oder Geldmittel umfassen soll. Die dritte Annahme wird in einigen neueren Ablaufplanungsproblemen auch aufgeweicht.

Im Folgenden werden wir statt des allgemeineren und dadurch auch besser passenden Begriffs „Ressource" den deutlich häufiger verwendeten Begriff „Maschine" nutzen.

In Unternehmen wird die Ablaufplanung häufig innerhalb von Softwarepaketen umgesetzt, weil sie in der Regel auf eine Vielzahl von unternehmensspezifischen Daten angewiesen ist und in Interaktion mit anderen Prozessen steht. Entsprechende unternehmensweite Softwaresysteme, die den Datenaustausch und die Interaktionen verschiedener Prozesse gewährleisten heißen Produktionsplanung und -steuerungssysteme (PPS-Systeme), Enterprise Resource Planning (ERP) Systeme oder auch Advanced Planning and Scheduling (APS) Systeme. Letztere gelten als Weiterentwicklung der ERP-Systeme und nutzen dabei auch explizit den Begriff „Scheduling", der dem deutschen Begriff „Ablaufplanung" entspricht (siehe dazu z.B. Domschke et al. (1997) und Günther und Tempelmeier (2013)).

Beispiel 1.1
Auf einer Maschine sollen insgesamt n Aufträge ausgeführt werden. Für jeden Auftrag j, $j \in \{1, \ldots, n\}$ ist die Bearbeitungszeit p_j und ein Liefertermin d_j gegeben. Für einen gegebenen Ablaufplan sei C_j der Zeitpunkt, an dem Auftrag j auf der Maschine fertiggestellt wird. Die Verspätung L_j eines Auftrags ist somit durch $L_j := C_j - d_j$ gegeben. In welcher Reihenfolge sollen die Aufträge ausgeführt werden, so dass die maximale Verspätung

$$\max_{j \in \{1,\ldots,n\}} \{L_j\}$$

minimiert wird? Gesucht ist also eine Permutation $S : \{1, \ldots, n\} \to \{1, \ldots, n\}$ (der Ablaufplan oder Schedule), die die Reihenfolge der Aufträge angibt. $S(j) = k$ bedeutet dabei, dass Auftrag j an Position k durchgeführt wird.

Die $n = 5$ Aufträge, Bearbeitungszeiten und Liefertermine seien wie folgt gegeben:

j	1	2	3	4	5
p_j	7	8	10	6	4
d_j	2	14	6	8	18

Kapitel 1. Einleitung

Geben Sie den Zielfunktionswert für den Fall an, dass die Aufträge in der Reihenfolge Ihrer Indizes eingeplant werden, also $S(j) = j$ (siehe Abbildung 1.1). Welche Reihenfolge ist optimal?

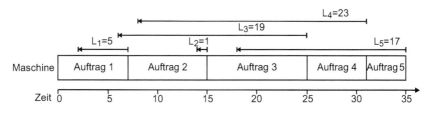

Abbildung 1.1.: Ablaufplan mit $S(j) = j$

Die in Beispiel 1.1 beschriebene Problemstellung lässt sich sehr einfach lösen, indem die Aufträge nach der sogenannten Lieferterminregel sortiert werden. Die Regel besagt, dass die Aufträge in der Reihenfolge aufsteigender Liefertermine eingeplant werden sollen. Korrekter Weise müssten wir von „nicht-absteigenden" Lieferterminen sprechen, um auch Aufträge mit gleichem Liefertermin einzuordnen. Wir nutzen allerdings mit dem Verweis, dass die Reihenfolge zwei Aufträge mit gleichem Liefertermin beliebig ist, die einfachere Ausdrucksweise.

Satz 1.2
Die Lieferterminregel liefert einen optimalen Ablaufplan für das in Beispiel 1.1 beschriebene Problem.

BEWEIS: Wir nehmen an, dass wir einen optimalen Ablaufplan S kennen, der nicht der Lieferterminregel genügt, und zeigen, dass es dann ebenfalls einen optimalen Ablaufplan gibt, der der Lieferterminregel genügt. Da alle Ablaufpläne, die der Lieferterminregel genügen, den gleichen Zielfunktionswert besitzen, ist dann die Aussage damit bewiesen.

Ohne Beschränkung der Allgemeinheit (O.b.d.A.) seien die Aufträge derart nummeriert, dass $d_1 \leq d_2 \leq \ldots \leq d_n$ gilt. Sei $k := \max\{S(j) | j \in \{1, \ldots, n\}, j < S(j)\}$, d.h. k beschreibt die Position des letzten Jobs in dem Ablaufplan S, der nach Lieferterminregel früher eingeplant worden wäre. Offensichtlich gilt $j = S(j)\ \forall j > k$, d.h. der Plan entspricht der Lieferterminregel ab dem Auftrag $k+1$ (falls dieser existiert). Betrachte nun folgenden Ablaufplan S':

$$S'(j) = \begin{cases} j & \text{falls } j \geq k \\ S(j) - 1 & \text{falls } S(k) < S(j) \leq k \\ S(j) & \text{falls } S(j) < S(k) \end{cases}$$

In S' wird also der Auftrag k, der laut Lieferterminregel an Position k sein soll, an diese Stelle verschoben und alle Aufträge zwischen den Positionen $S(k) + 1$ und k rücken um eine Position nach vorne.

Der Zielfunktionswert in S' kann nicht schlechter sein als in S, da sich höchstens die Verspätung von Auftrag k erhöht, diese aber nicht größer sein kann als die Verspätung von Auftrag j auf Position $k = S(j)$ im Plan S. Im Plan S' gilt nun $j = S'(j) \; \forall j \geq k$, d.h. der Plan entspricht der Lieferterminregel ab dem Auftrag k.

Durch sukzessives Verschieben eines Auftrages wie oben beschrieben, kann der Plan S also zu einem Plan verändert werden, der der Lieferterminregel genügt, ohne dass sich der Zielfunktionswert verschlechtert. □

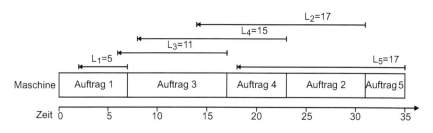

Abbildung 1.2.: Optimaler Ablaufplan

Der optimale Ablaufplan für das Beispiel 1.1 ist in Abbildung 1.2 dargestellt.

Somit haben wir ein erstes, recht simples Problem der Ablaufplanung kennen gelernt, dass sich zudem leicht durch Sortieren nach Lieferterminen lösen lässt. Wir betrachten nun ein sehr ähnliches Problem, das sich nur durch die Zielfunktion unterscheidet. Statt der maximalen Verspätung soll nun die Anzahl der verspäteten Aufträge minimiert werden.

Kapitel 1. Einleitung

Beispiel 1.3

Gegeben sei die Situation aus Beispiel 1.1, jedoch mit geänderten Bearbeitungszeiten und Lieferterminen und mit folgender Zielsetzung. Ein Auftrag j, $j \in \{1,\ldots,n\}$, ist verspätet, wenn $C_j > d_j$. Minimiere die Anzahl verspäteter Aufträge, d.h. minimiere $|\{j \in \{1,\ldots,n\} | C_j > d_j\}|$.

Gegeben seien folgende Zahlenwerte:

j	1	2	3	4	5
p_j	8	4	4	8	6
d_j	9	10	12	14	16

Geben Sie den Zielfunktionswert für den Fall an, dass die Aufträge in der Reihenfolge Ihrer Indizes eingeplant werden, also $S(j) = j$.

In diesem Fall gilt es nur die Aufträge zu zählen, die verspätet sind. In Abbildung 1.3 ist zu erkennen, dass dies bei vier Aufträgen der Fall ist.

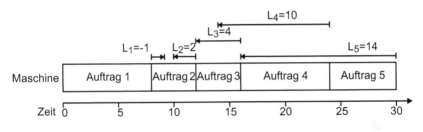

Abbildung 1.3.: Ablaufplan mit $S(j) = j$

Welche Reihenfolge ist optimal?

Auch dieses Problem lässt sich einfach lösen. Folgende Überlegung ist dabei grundlegend: Bei dieser Zielfunktion ist es irrelevant, wie sehr ein Auftrag verspätet ist. Sobald wir feststellen, dass ein oder mehrere Aufträge unumgänglich verspätet sein werden, können wir diese Aufträge am Ende einplanen. Das Verfahren von Moore (1968) basiert auf dieser Idee. Ausgehend von dem Ablaufplan gemäß Lieferterminregel wird geprüft, ob eine Verspätung unvermeidlich ist. Sobald dies der Fall ist, wird ein Auftrag nach hinten verschoben und der Zähler für verspätete Aufträge U um eins nach oben gesetzt.

Algorithmus 1 (Verfahren von Moore):

1. **Initialisierung:** Sortiere die Aufträge nicht-absteigend nach Lieferterminen, es sei somit $d_1 \leq \ldots \leq d_n$ angenommen. Setze $S(j) = j \ \forall j \in \{1, \ldots, n\}$. Sei $U := 0$.

2. **Stoppkriterium:** Falls $C_j \leq d_j \ \forall j \in \{1, \ldots, n\}$ mit $S(j) \leq n - U$, dann stopp.

3. **Bestimmung des zu verschiebenden Auftrags:**
   Sei $k := \mathop{\mathrm{argmin}}\limits_{j \in \{1, \ldots, n\}} \{S(j) | C_j > d_j, S(j) \leq n - U\}$ der am frühsten eingeplante, verspätete Auftrag. Weiter sei $l \in \mathop{\mathrm{argmax}}\limits_{j \in \{1, \ldots, n\}} \{p_j | 1 \leq S(j) \leq S(k)\}$ ein Auftrag mit der längsten Bearbeitungszeit unter den ersten $S(k)$ Aufträgen.

4. **Verschieben des Auftrags:** Definiere folgenden Ablaufplan:
$$S'(j) = \begin{cases} n & \text{falls } j = l \\ S(j) - 1 & \text{falls } S(l) < S(j) \leq n \\ S(j) & \text{sonst} \end{cases}$$

   Setze $S := S'$, $U := U + 1$ und gehe zu Schritt 2.

Im zweiten Schritt des Algorithmus werden nur die Aufträge betrachtet, die noch nicht ans Ende verschoben wurden. Ist hier kein Auftrag verspätet, so endet der Algorithmus. Andernfalls wird in Schritt 3 der am frühesten eingeplante Auftrag k bestimmt, der verspätet ist. Unter den ersten $S(k)$ Aufträgen wird es also mit Sicherheit genau einen verspäteten Auftrag geben, den wir dann an das Ende des Plans verschieben können. Nun ist es am geschicktesten, den längsten (bzgl. Bearbeitungszeit) dieser Aufträge zu wählen. In Schritt 4 wird dieser Auftrag dann ans Ende verschoben und alle Aufträge zwischen der alten und neuen Position rücken um eine Position nach vorne.

Führen Sie den Algorithmus für die in Beispiel 1.3 gegebenen Werte aus.

Der erste verspätete Auftrag ist, wie in Abbildung 1.3 zu sehen, Auftrag 2. Es steht somit fest, dass in jedem Ablaufplan entweder Auftrag 1 oder Auftrag 2 verspätet ist. Da es für die Zielfunktion unabhängig ist, wie groß die Verspätung ist, wird einer dieser Aufträge ans Ende verschoben. Verschoben wird Auftrag 1, da dieser länger ist als Auftrag

Kapitel 1. Einleitung

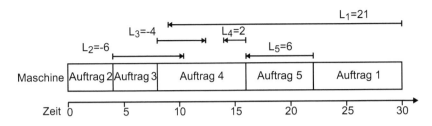

Abbildung 1.4.: Ablaufplan nach Verschieben des ersten Auftrags an das Ende

2, siehe Abbildung 1.4. Der Zähler für die sicher verspäteten Aufträge U wird nun auf 1 gesetzt. Unter den ersten $n - U = 4$ Aufträgen ist allerdings wieder ein verspäteter (Auftrag 4). Da es sich dabei auch um den längsten Auftrag handelt, wird dieser ans Ende verschoben. U wird auf 2 gesetzt und da nun unter den ersten $n - U = 3$ Aufträgen kein verspäteter Auftrag mehr existiert, ist der resultierende Ablaufplan, der in Abbildung 1.5 dargestellt ist, optimal. Der Zielfunktionswert ist somit 2.

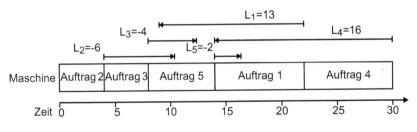

Abbildung 1.5.: Optimaler Ablaufplan

Die graphische Darstellung der Ablaufpläne, die Beginn und Ende jedes Auftrags und deren Reihenfolge der Abarbeitung auf der Maschine illustriert, wie das in den obigen Abbildung zu finden ist, wird auch Gantt-Diagramm genannt und in nachfolgenden Abschnitten auf mehrere Maschinen erweitert.

2. Maschinenumgebungen, Ablaufeigenschaften, Ziele

Einige der in der Ablaufplanung typischen Bezeichnungen haben wir bereits kennen gelernt. Diese werden im Folgenden ergänzt und zu einer simplen, aber dennoch äußerst mächtigen Beschreibung von Ablaufplanungsproblemen genutzt. Fassen wir zunächst einmal grundlegende Variablenbezeichnungen sowie die Charakterisierung eines Auftrags zusammen.

n	Anzahl der Aufträge
m	Anzahl der Maschinen (=Ressourcen)
i	(meist) Index für eine Maschine
j	(meist) Index für einen Auftrag
S_i	Ablaufplan auf Maschine i, Permutation einer (Teil-)Menge $\{1,\ldots,n\}$ (schedule)
$S_i(j)$	Position im Ablauf von Auftrag j auf Maschine i
p_j	Bearbeitungszeit von Auftrag j auf einer Maschine (processing time)
p_{ij}	Bearbeitungszeit von Auftrag j auf Maschine i
r_j	Ankunftszeit von Auftrag j, d.h. frühester Zeitpunkt, in dem ein Auftrag eingeplant werden darf (release date)
d_j	Liefertermin von Auftrag j, d.h. Zeitpunkt zu dem ein Auftrag fertiggestellt sein sollte (due date)
w_j	Gewichtung von Auftrag j, z.B. Wertigkeit, Kosten, Priorität, etc. (weight)
C_{ij}	Fertigstellungszeitpunkt von Auftrag j auf Maschine i. Index i wird bei nur einer Maschine weggelassen. Dieser Wert hängt von dem zu wählenden Ablaufplan S und ggf. Ankunftszeiten r_j ab. (completion time)
C_j	Fertigstellungszeitpunkt von Auftrag j. Falls $m > 1$, so wird $C_j := \max\{C_{1j},\ldots,C_{mj}\}$ definiert.

Aus den bisherigen Beispielen wird deutlich, dass nicht alle denkbaren Eigenschaften eines Auftrages vorhanden sein müssen, bzw. je nach Ablaufplanungsproblem irrelevant sein können. Andererseits kommen in der Fachliteratur auch noch weitere Charakterisierungen der Aufträge vor, die wir hier nicht betrachten.

Definition 2.1 (Ablaufplanungsproblem)
Unter einem Ablaufplanungsproblem verstehen wir ein durch ein Tripel $\alpha|\beta|\gamma$ dargestelltes Optimierungsproblem, bei dem eine Zuteilung von Ressourcen zu Aufträgen (mit obigen Eigenschaften) erfolgt. Die Ausgestaltung der Ressourcen (α), der Ablaufeigenschaften und Nebenbedingungen (β) und der zu minimierenden Zielfunktion (γ) wird durch das Tripel präzisiert.

Diese Darstellung von Ablaufplanungsproblemen wurde von Graham et al. (1979) eingeführt und wird auch Dreifeldnotation genannt. Die gängigsten Maschineneigenschaften, die im Feld α spezifiziert werden, sind:

1 Es gibt nur eine Maschine. Ablaufplanungsprobleme mit $\alpha = 1$ werden wir in Kapitel 4 betrachten.

Pm Es gibt m identische Maschinen, die parallel laufen. Ein Auftrag braucht (und darf) nur auf einer Maschine bearbeitet werden. $\alpha = Pm$ wird in Kapitel 5 betrachtet.

Fm In einem *Flow Shop* gibt es ebenfalls m Maschinen, allerdings muss jeder Auftrag auf jeder Maschine ausgeführt werden. Die Reihenfolge der Maschinen, nach der ein Auftrag bearbeitet wird, ist vorgegeben und für alle Aufträge gleich. D.h. (o.B.d.A.) wird jeder Auftrag als erstes auf Maschine 1, dann auf Maschine 2, usw. bearbeitet. $\alpha = Fm$ wird in Kapitel 6 betrachtet.

Jm Ein *Job Shop* ist eine Verallgemeinerung des Flow Shops. Jeder Auftrag muss ebenfalls auf jeder Maschine in einer vorgegebenen Reihenfolge ausgeführt werden. Allerdings ist die Reihenfolge nicht notwendigerweise für alle Aufträge gleich. $\alpha = Jm$ wird in Kapitel 7 betrachtet.

Om Bei einem *Open Shop* muss jeder Auftrag auf jeder Maschine bearbeitet werden. Die Reihenfolge, in der dies geschieht, ist beliebig. $\alpha = Om$ wird in Kapitel 8 betrachtet.

Kapitel 2. Maschinenumgebungen, Ablaufeigenschaften, Ziele 13

Es ist zu beachten, dass der Wert für m bekannt sein kann, aber nicht muss. So beschreibt $\alpha = F2$ ein Flow Shop mit zwei Maschinen, während $\alpha = Fm$ den allgemeineren Fall eines Flow Shops mit fixer, aber nicht vorher festgelegter Maschinenanzahl m beschreibt. Oft, wenn auch nicht in diesem Buch, wird der Fall betrachtet, in dem die Anzahl der Maschinen Teil der Eingabe des Problems ist. In diesem Fall wird m nicht erwähnt, z.B. $\alpha = F$. α nimmt immer nur genau einen Wert an. Hingegen können bei den Ablaufeigenschaften und Nebenbedingungen β auch mehrere Einträge oder kein Eintrag vorkommen.

$p_j = p$ Betrachtet wird der Spezialfall, in dem alle Aufträge die gleiche Bearbeitungszeit haben.

$d_j = d$ Betrachtet wird der Spezialfall, in dem alle Aufträge den gleichen Liefertermin haben.

r_j *Ankunftszeiten* müssen berücksichtigt werden, d.h. dass ein Auftrag j nicht vor dem Zeitpunkt r_j bearbeitet werden darf.

pmtn Grundsätzlich wird angenommen, dass Aufträge ohne Unterbrechung auf einer Maschine bearbeitet werden müssen. (Gleichbedeutend kann angenommen werden, dass ein Auftrag zwar unterbrochen werden darf, er aber nach Wiederaufnahme erneut seine gesamte Bearbeitungszeit zur Fertigstellung benötigt). Findet sich im Feld β hingegen der Eintrag *pmtn* (preemption) für *Unterbrechung*, so dürfen Aufträge beliebig oft unterbrochen und auch wieder fortgeführt werden, ohne dass sich dadurch die Bearbeitungszeit dieses Auftrags erhöht.

prec Dieser Eintrag wird gesetzt, wenn *Vorrangbeziehungen* (precedence constraints) vorliegen. Eine Vorrangbeziehung $i \to k$ besagt, dass Auftrag k erst dann starten darf, nachdem Auftrag j beendet ist. Entsprechende Bedingungen können sowohl in Einmaschinenmodellen als auch in Mehrmaschinenmodellen auftreten.

s_{jk} Durch den Wert s_{jk} werden *reihenfolgeabhängige Rüstzeiten* (setup times) zwischen Auftrag j und Auftrag k dargestellt. Wird auf einer Maschine nach Auftrag j der Auftrag k ausgeführt, so muss die Maschine für s_{jk} Zeiteinheiten unbelegt bleiben. s_{0k} beschreibt die Rüstzeit, wenn Auftrag k als erstes auf einer Maschine ausgeführt wird.
 Liegen reihenfolgeunabhängige Rüstzeiten vor, so können diese in

der Modellierung in die Bearbeitungszeit integriert werden und bedürfen keiner expliziten Betrachtung.

prmu Diese Restriktion betrifft ausschließlich Flow Shops. Bei einem Flow Shop ist die Reihenfolge, in der Aufträge die Maschinen besuchen, vorgegeben. Allerdings dürfen zwei unterschiedliche Maschinen die Aufträge in verschiedenen Reihenfolgen bearbeiten (Ein Auftrag darf einen anderen zwischen zwei Maschinen „überholen"). Wird zusätzlich gefordert, dass alle Maschinen die Aufträge in der gleichen Reihenfolge bearbeiten, also nur eine *Permutation* der Aufträge gesucht ist, wird dieser Eintrag ins Feld β gesetzt.

nwt Auch die Einschränkung *no wait* betrifft nur Flow Shops. Nachdem ein Auftrag auf einer Maschine fertiggestellt wurde, muss die Bearbeitung auf der nächsten Maschine ohne Wartezeit beginnen (dadurch ist automatisch auch der Fall *prmu* gegeben). In der Praxis kommt solch eine Situation z.B. bei der Stahlverarbeitung vor, bei der der Stahl ohne Unterbrechung weiterverarbeitet werden muss, da er ansonsten zu stark abkühlen würde.

Liefertermine werden im Feld β nicht explizit aufgeführt, da ihre Notwendigkeit durch die Zielfunktion deutlich wird. Obwohl es in der Praxis häufig mehrere Ziele zu verfolgen gilt, nehmen wir an, dass im Feld γ wiederum nur ein Eintrag vorhanden ist. Es sei nochmals erwähnt, dass alle genannten Zielwerte zu minimieren sind.

$C_{\max}$ Die *Gesamtdauer* (makespan) eines Ablaufplans entspricht dem Fertigstellungszeitpunkt des Auftrags, der als letztes fertiggestellt wird: $C_{\max} := \max\{C_1, \ldots, C_n\}$. Dieses Ziel führt tendenziell zu einer Durchlaufmaximierung und einer gleichmäßigen Lastverteilung.

$L_{\max}$ Die Verspätung eines Auftrags j ist, wie bereits bekannt, $L_j := C_j - d_j$ (lateness). Entsprechend ist die *maximale Verspätung* durch $L_{\max} := \max\{L_1, \ldots, L_n\}$ gegeben. Beachte, dass die Verspätung bei vorzeitiger Fertigstellung negativ ist (im Gegensatz zur Terminüberschreitung, s.u.).

$\sum C_j$ Die *Summe der Fertigstellungszeitpunkte* ist als Zielkriterium besonders geeignet um die (Zwischen-)Lagerbestandskosten zu reduzieren. Durch Minimierung von $\sum C_j$ wird äquivalent die mittlere Durchlaufzeit($\sum C_j/n$) minimiert, wodurch die „Wartezeit" (=Lagerzeit) der Aufträge vor ihrer Fertigstellung minimiert wird.

$\sum w_j C_j$ Als Verallgemeinerung lässt sich auch die *Summe der gewichteten Fertigstellungszeitpunkte* minimieren, die z.B. unterschiedliche Lagerhaltungskostensätze berücksichtigen kann.

$\sum T_j$ Als Terminüberschreitung eines Auftrags j wird der Wert $T_j := \max\{C_j - d_j, 0\} = \max\{L_j, 0\}$ bezeichnet. Die *Summe der Terminüberschreitungen* soll minimiert werden.

$\sum w_j T_j$ Eine Verallgemeinerung ist die *Summe der gewichteten Terminüberschreitungen*, bei der die Terminüberschreitung bestimmter Aufträge schlimmer wiegt als die anderer.

$\sum U_j$ Die *Anzahl der Terminüberschreitungen* wird mit Hilfe einer Binärvariablen

$$U_j := \begin{cases} 1 & \text{wenn } C_j > d_j \\ 0 & \text{sonst} \end{cases}$$

für Auftrag j dargestellt.

$\sum w_j U_j$ Auch bei Terminüberschreitungen lässt sich allgemeiner die *gewichtete Anzahl der Terminüberschreitungen* definieren.

Der Unterschied zwischen den (ungewichteten) vom Liefertermin abhängigen Zielfunktionen ist in Abbildung 2.1 graphisch dargestellt. Während die Verspätung L_j linear ist und dabei eine frühzeitige Fertigstellung belohnt wird, gibt es bei der Terminüberschreitung T_j keine derartige Belohnung. Bei der Anzahl der Terminüberschreitungen U_j ist nur re-

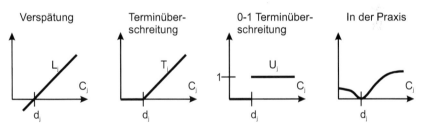

Abbildung 2.1.: Vom Liefertermin abhängige Zielfunktionen (in Anlehnung an Pinedo (2012), S.18)

levant, ob eine Terminüberschreitung vorliegt oder nicht. Alle drei Zielfunktionen können nur als Annäherung an die Praxis verstanden werden, da häufig keine Linearität vorliegt und frühzeitige Fertigstellungen auf Grund der dann notwendigen Lagerung womöglich eher schädlich sind.

Die hier beschriebenen Werte für α, β und γ sind bei weitem nicht vollständig. Entsprechend gibt es durch die zahlreichen Kombinationsmöglichkeiten eine enorme Zahl von Ablaufplanungsproblemen.

Beispiel 2.2
Durch die oben dargestellten Werte für α, β und γ lassen sich (wenn m nicht weiter spezifiziert wird) insgesamt 3584 Ablaufplanungsprobleme beschreiben:

Ohne Flow Shop (wird später betrachtet) gibt es 4 Maschinenausprägungen. Im Feld β können beliebig viele Werte stehen. Von den 6 Auswahlmöglichkeiten gibt es also $2^6 = 64$ Kombinationen. Es gibt 8 unterschiedliche Ziele, so dass insgesamt $4 \cdot 64 \cdot 8 = 2048$ Problemstellungen vorkommen.

Im Flow Shop können die oben genannten 64 möglichen Einträge im Feld β um einen aus 2 möglichen Werten ergänzt werden. Hier liegen also 192 Möglichkeiten vor. Somit gibt es $192 \cdot 8 = 1536$ Kombinationen im Flow Shop und 3584 insgesamt.

Die in den Beispielen 1.1 und 1.3 bisher betrachteten Probleme ließen sich sehr leicht lösen. Wir werden allerdings feststellen, dass viele Probleme sich auch nur „sehr schwer" lösen lassen (was das genau bedeutet, wird im nächsten Kapitel behandelt). Ein Ziel dieses Buches ist es, eine Trennlinie zwischen „leichten" und „schweren" Ablaufplanungsproblemen zu ziehen. Vorher betrachten wir aber noch ein weiteres, leicht lösbares Beispiel.

Beispiel 2.3 $(1||\sum w_j C_j)$
Betrachte die folgende Instanz des Ablaufplanungsproblems $1||\sum w_j C_j$.

j	1	2	3	4
p_j	3	5	6	8
w_j	5	10	9	1

Wie sieht der optimale Ablaufplan für dieses Beispiel aus? Falls Sie den optimalen Ablaufplan nicht sofort bestimmen können, versuchen Sie Eigenschaften des optimalen Ablaufplans zu finden: Gibt es einen Auftrag, der sehr früh oder sehr spät eingeplant werden sollte? Gibt es einen Auftrag, der auf jeden Fall vor bzw. nach einem anderen Auftrag ausgeführt werden sollte? Nutzen Sie diese Überlegungen um allgemein zu beschreiben, wie der optimale Ablaufplan des Problems $1||\sum w_j C_j$ aussehen sollte.

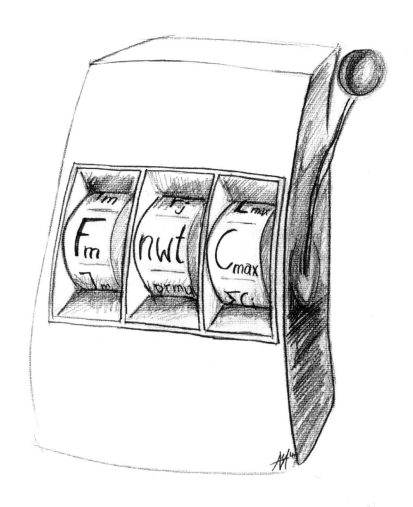

Der optimale Ablaufplan lautet $S = (2, 1, 3, 4)$, siehe Abbildung 2.2. Der Zielfunktionswert berechnet sich dabei wie folgt: Auftrag 1 endet zum Zeitpunkt 8 ($C_1 = 8$) und hat Gewicht 5 und trägt somit mit $5 \cdot 8 = 40$ zum Zielfunktionswert bei. Analog für die anderen Aufträge, so dass der Zielfunktionswert insgesamt $5 \cdot 8 + 10 \cdot 5 + 9 \cdot 14 + 1 \cdot 22 = 238$ beträgt. Allgemein lässt sich feststellen, dass sich Aufträge wieder sortieren

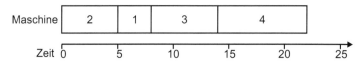

Abbildung 2.2.: Optimaler Ablaufplan

lassen, um den optimalen Ablaufplan zu erhalten. Als Sortierkriterium wird diesmal der Wert p_j/w_j festgelegt, nach dem aufsteigend sortiert werden soll. Ein Auftrag, dessen Bearbeitungszeit geteilt durch seine Gewicht am kleinsten ist, wird also als erstes ausgeführt werden. Diese Sortierregel wird auch WSPT (weighted shortest processing time) genannt. Alternativ können natürlich ebenfalls die Werte w_j/p_j absteigend sortiert werden. Beide Sortierungen führen zum gleichen Ergebnis; lediglich Aufträge mit gleichen Quotienten dürfen vertauscht werden. Dass diese Sortierung zu einem optimalen Ablaufplan führt, zeigt der folgende Satz.

Satz 2.4 $(1 || \sum w_j C_j)$
Sei S ein optimaler Ablaufplan für das Problem $1 || \sum w_j C_j$. Weiter seien j und k zwei Aufträge mit $S(j) < S(k)$, d.h. j wird vor k ausgeführt. Dann muss $\frac{w_j}{p_j} \geq \frac{w_k}{p_k}$ gelten.

BEWEIS: Wir nehmen an, es gäbe einen optimalen Ablaufplan, in dem für ein Paar von Aufträgen j und k mit $S(j) < S(k)$ der Fall $\frac{w_j}{p_j} < \frac{w_k}{p_k}$ auftritt. Wird unter diesen Auftragspaaren das Paar j und k mit minimalem Abstand zueinander gewählt (mit kleinster Anzahl von Aufträgen zwischen den Positionen $S(j)$ und $S(k)$), so gilt $S(j)+1 = S(k)$, d.h. die Aufträge sind benachbart. Ansonsten gilt aufgrund der Wahl von j und k für jeden Auftrag j' mit $S(j) < S(j') < S(k)$, dass $\frac{w_k}{p_k} > \frac{w_j}{p_j} \geq \frac{w_{j'}}{p_{j'}} \geq \frac{w_k}{p_k}$, was nicht sein kann.

Sei c der Startzeitpunkt von j in S. Der durch Auftrag j und k induzierte Zielfunktionswert von S beträgt somit $(c + p_j)w_j + (c + p_j + p_k)w_k =$

$cw_j+p_jw_j+cw_k+p_jw_k+p_kw_k$. Betrachten wir nun einen Ablaufplan S', der im Vergleich zu S nur die beiden Aufträge j und k vertauscht. Es gilt also $S'(j') = S(j')$ für alle $j' \neq j, k$, $S'(j) = S(k)$ und $S'(k) = S(j)$. Da j und k benachbart sind, unterscheiden sich die Zielfunktionswerte der beiden Ablaufpläne nur durch den von j und k induzierten Wert. In S' beträgt dieser $(c+p_k)w_k+(c+p_k+p_j)w_j = cw_k+p_kw_k+cw_j+p_kw_j+p_jw_j$. Da $p_kw_j < p_jw_k$ (laut Annahme), ist der Zielfunktionswert von S' also geringer als der von S. Das ist aber ein Widerspruch zu der Annahme, dass S optimal ist. □

3. Komplexitätstheoretische Grundlagen

In den Beispielen 1.1 und 1.3 haben wir die Probleme $1||L_{\max}$ und $1||\sum U_j$ kennengelernt. In den Beispielen wurden auch Probleminstanzen (also konkrete Zahlenwerte für die Problemstellung) genannt. Wir konnten zeigen, dass sich die Problemstellungen mittels der Lieferterminregel bzw. dem Algorithmus von Moore nicht nur für die genannten Instanzen leicht lösen lassen, sondern für sämtliche Probleminstanzen.

Im Folgenden werden wir präzisieren, was es bedeutet, dass eine Problemstellung „leicht" oder „schwer" lösbar ist. Es sei angemerkt, dass es für jede noch so schwere Problemstellung natürlich (triviale) Probleminstanzen geben kann, die sich auf jeden Fall leicht lösen lassen.

3.1. Entscheidungsprobleme und deren Kodierung

Der Einfachheit halber gehen wir bei den zu betrachtenden Problemstellungen zunächst von Entscheidungsproblemen aus. Das bedeutet, dass im Gegensatz zu einem Optimierungsproblem, bei dem eine Lösung einen beliebigen numerischen Wert annehmen kann, nur eine Ja-Nein-Antwort gesucht wird. Dies ist keine starke Einschränkung, denn jedes Optimierungsproblem kann mit einer Reihe von Entscheidungsproblemen gelöst werden. So kann z.B. das Optimierungsproblem $1||\sum w_j C_j$ („Finde einen Ablaufplan, so dass $\sum w_j C_j$ minimal ist!") durch das wiederholte Lösen des Entscheidungsproblems „Gibt es einen Ablaufplan, bei dem $\sum w_j C_j \leq \varphi$ gilt?" mit verschiedenen Werten für φ gelöst werden.

Definition 3.1 (Entscheidungsproblem)
Ein Entscheidungsproblem Π besteht aus einer Menge D_Π (die sogenannten Instanzen) und einer Menge $Y_\Pi \subseteq D_\Pi$ (die sogenannten Ja-Instanzen).

Die Mengen D_Π und Y_Π haben für gewöhnlich unendlich viele Elemente und werden daher nicht explizit angegeben, sondern generisch beschrieben.

Beispiel 3.2 ($1 || \sum w_j C_j$)
INSTANZ: Gegeben eine Maschine, n Aufträge und für jeden Auftrag j eine Bearbeitungszeit p_j und ein Gewicht w_j. Weiter sei ein Zielwert φ gegeben.
FRAGE: Gibt es eine Permutation der Aufträge, so dass $\sum w_j C_j \leq \varphi$?

Jede Kombination von möglichen Zahlenwerten der Parameter von INSTANZ ist ein Element, eine Instanz, der Menge D_Π. Die Menge Y_Π beinhaltet dann die Instanzen, für die die FRAGE mit *Ja* beantwortet wird. (deutlich kürzer ist selbstverständlich die Beschreibung $1 || \sum w_j C_j$).

Es sei angemerkt, dass ein Optimierungsproblem immer mindestens so schwer lösbar ist, wie das zugehörige Entscheidungsproblem. Wir beschränken uns aber hauptsächlich deshalb auf Entscheidungsprobleme, weil diese sich leichter auf die Berechnungskonzepte der Informatik übertragen lassen. Zu diesen Konzepten gehört u.a. der Begriff einer (formalen) Sprache.

Definition 3.3 (Alphabet, Wort, Sprache)
Ein Alphabet ist eine endliche Menge von Symbolen Σ. Eine Aneinanderreihung von endlich vielen Symbolen aus Σ heißt Wort. Die Menge der Wörter des Alphabets Σ wird mit Σ^* bezeichnet. Die Teilmenge $L \subseteq \Sigma^*$ heißt Sprache über dem Alphabet Σ.

Beispiel 3.4 (Deutsche Sprache)
Für Σ könnten die deutschen Buchstaben gewählt werden: $\Sigma = \{$a,b,c,...,z,ä,ö,ü,ß,A,B,C,...,Z,Ä,Ö,Ü$\}$. Die Menge der Wörter Σ^* würde dann alle denkbaren Buchstabenkombinationen enthalten. Als Sprache L ließen sich dann alle im Duden vorkommenden Wörter definieren. L könnte aber z.B. auch nur alle Substantive umfassen oder alle Buchstabenkombinationen mit maximal 40 Buchstaben.

3.1. Entscheidungsprobleme und deren Kodierung

Beispiel 3.5 (Natürliche Zahlen)
Sei $\Sigma = \{1, 2, 3, 4, 5, 6, 7, 8, 9, 0\}$. Dann ist $\Sigma^* = \mathbb{N}$. Als Sprache L könnten dann z.B. die geraden natürlichen Zahlen oder die Primzahlen gewählt werden.

Beispiel 3.6 ($1 || \sum w_j C_j$)
Sei $\Sigma = \{1, 2, 3, 4, 5, 6, 7, 8, 9, 0, \text{`;'}, \text{`-'}\}$, also die zehn Ziffern und das Semikolon und der Bindestrich. Die beiden letzteren sollen als Trennsymbole fungieren. Wir betrachten nun alle Worte

- bei denen niemals zwei Trennsymbole aufeinanderfolgen,
- die nicht mit einem Trennsymbol beginnen oder enden,
- bei denen genau zwei Semikolons vorkommen
- bei denen genau die Hälfte aller Bindestriche vor dem ersten Semikolon und die restlichen zwischen dem ersten und zweiten Semikolon vorkommen.

Also z.B. (3-34-5;12-4-2;603). Wenn wir die Zahlen vor dem ersten Semikolon (getrennt durch die Bindestriche) als Bearbeitungszeiten auffassen, die Zahlen nach dem ersten Semikolon als Gewichte, und die letzte Zahl als Zielwert φ, so lassen sich Instanzen des Entscheidungsproblems von $1 || \sum w_j C_j$ mit Hilfe der Wörter auf diesem Alphabet kodieren. Als Sprache definieren wir dann die Instanzen, für die es eine Ablaufplan mit Zielwert kleiner gleich φ gibt. Wollen wir etwa die Instanz aus Beispiel 2.3 dahingehend überprüfen, ob ein Zielwert von $\varphi = 243$ möglich ist, so wäre die entsprechende Kodierung der Instanz (3-5-6-8;5-10-9-1;243). Diese Instanz gehört zu der Sprache, denn die zugehörige Entscheidungsfrage kann mit Ja beantwortet werden.

Bemerkung 3.7:
- Sämtliche Entscheidungsprobleme lassen sich mit einer Sprache basierend auf *jedem* Alphabet, das mindestens zwei Symbole umfasst, darstellen.

- Die Darstellung eines Entscheidungsproblems ist für ein gegebenes Alphabet nicht eindeutig. Wenn wir allerdings davon ausgehen, dass keine offensichtlich ungünstige Darstellung gewählt wird, ist die genaue Darstellung irrelevant.

- Die Wahl des Alphabets ist unter Umständen von Bedeutung, wie wir im Verlauf noch sehen werden.

- Die Kodierung des Problems $1||\sum w_j C_j$ in Beispiel 3.6 ist selbst dann noch hinreichend, wenn nur ein Trennsymbol verwendet wird: (3-5-6-8-5-10-9-1-243). Die letzte Zahl steht dann für φ, die übrigen Zahlen teilen sich dann in Bearbeitungszeiten und Gewichte auf.

- Wird ein Entscheidungsproblem kodiert, so wird die Sprache in der Regel so gewählt, dass sie genau den Ja-Instanzen entspricht.

Beispiel 3.8 (Binär- und Unärdarstellung von $1||\sum w_j C_j$)
Sei $\Sigma = \{0, 1, -\}$. Analog zu Beispiel 3.6 kann das Problem $1||\sum w_j C_j$ kodiert werden, indem die Binärdarstellung der Zahlen gewählt wird: (11-101-110-1000-101-1010-1001-1-11110011)

Es ist sogar möglich, nur eine Ziffer und ein Trennzeichen zu verwenden (die sogenannte Unärdarstellung), $\Sigma = \{1, -\}$. Der Anfang der Instanz würde dann wie folgt dargestellt: (111-11111-111111-11111111-...)

3.2. Deterministische Turingmaschine

Zur Lösung eines Entscheidungsproblems, also zur Klärung der Frage ob eine Instanz eine Ja-Instanz ist, wird ein Lösungsverfahren benötigt. Das Lösungsverfahren muss selbstverständlich auch ausgeführt werden. Die Ausführung geschieht mit Hilfe eines Rechners (Gehirn, Computer). Um die Schwierigkeit einer Problemstellung möglichst allgemein zu untersuchen, wird wieder ein sehr allgemeines Modell eines Rechenverfahrens verwendet, das die Stärken und Schwächen unterschiedlicher Denkleistungen oder (handelsüblicher) Computer außen vor lässt.

Das Konzept einer sogenannten Turingmaschine wurde von Alan Turing 1936 bereits vor dem Bau realer Computer vorgestellt (Turing (1936)). Etwas vereinfacht kann man sich eine Turingmaschine wie einen handelsüblichen Computer mit nur einem Prozessor vorstellen, der nur ein einziges Programm ausführen kann (zur Lösung des zu betrachtenden Entscheidungsproblems) und der einen unendlich großen Arbeitsspeicher besitzt. Für mehr Details verweisen wir auf das grundlegende Buch zur Einführung in die Komplexität von Garey und Johnson (1979).

Definition 3.9 (Deterministische Turingmaschine)
Eine deterministische Turingmaschine (DTM) besteht aus

3.2. Deterministische Turingmaschine

- *einer Menge Γ von Symbolen, die sich mindestens aus der Menge von Eingabesymbolen Σ und einem Leerzeichen $\square$ zusammensetzt: $\Gamma \supseteq \Sigma \cup \{\square\}$*

- *einer endlichen Menge von Zuständen Q, in der ein Startzustand $q_0 \in Q$, ein Yes-Stoppzustand $q_Y \in Q$ und ein No-Stoppzustand $q_N \in Q$ enthalten sind. $Q^- := Q \backslash \{q_Y, q_N\}$ beschreibt alle Zustände ohne die Stoppzustände.*

- *eine Übergangsfunktion $\delta : Q^- \times \Gamma \to Q \times \Gamma \times \{\leftarrow, \to\}$.*

Bildlich lässt sich eine Turingmaschine wie in Abbildung 3.1 vorstellen. Es gibt einen zu beiden Seiten unendlich langen Streifen mit Speicherplätzen für Symbole aus Γ. Zu Beginn ist auf diesem Streifen die Eingabe, ein Wort aus Σ, gespeichert und alle weiteren Speicherplätze enthalten das Leerzeichen $\square$. Ein Schreib-Lese-Kopf ist zunächst bei dem ersten Symbol der Eingabe positioniert. Des weiteren wird der aktuelle Zustand der Maschine q_0 angezeigt.

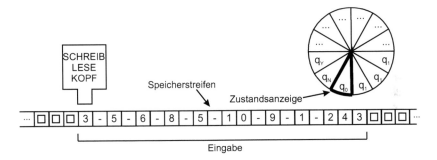

Abbildung 3.1.: Darstellung einer Turingmaschine im Initialzustand

Der Schreib-Lese-Kopf liest nun das aktuelle Symbol aus. Die Übergangsfunktion erhält als Eingabe den aktuellen Zustand sowie das aktuelle Symbol und ermittelt daraus

- einen neuen Zustand,

- ein Symbol, das vom Schreib-Lese-Kopf an die aktuelle Position auf dem Streifen geschrieben wird, und

- entweder das Symbol ← oder das Symbol →. Bei ← bewegt sich der Schreib-Lese-Kopf um eine Position nach links, andernfalls um eine Position nach rechts.

Fall der neue Zustand ein Stoppzustand ist, endet die Prozedur. Andernfalls setzt sich der Vorgang nach dem gleichen Schema fort, beginnend mit dem Auslesen des Symbols auf der aktuellen Position des Schreib-Lese-Kopfes.

Beispiel 3.10 (DTM für Teilbarkeit durch 4)
Wir betrachten folgendes Entscheidungsproblem:
INSTANZ: Gegeben eine positive ganze Zahl.
FRAGE: Lässt sich die Zahl ohne Rest durch 4 teilen?

Als Alphabet wählen wir die Binärdarstellung. Da nur eine Zahl eingegeben werden muss, kann auf ein Trennzeichen verzichtet werden, d.h. $\Sigma = \{0,1\}$. Eine Binärzahl ist genau dann ohne Rest durch 4 teilbar, wenn die letzten beiden Ziffern null sind.

Eine DTM zur Lösung dieses Problems könnte mit den folgenden Zuständen arbeiten, $Q = \{q_0, q_1, q_2, q_N, q_Y\}$:

q_0: Schreib-Lese-Kopf soll zum Ende der Eingabe gelangen, ist dort aber noch nicht angekommen.

q_1: Schreib-Lese-Kopf ist bereit, dass letzte Zeichen einzulesen.

q_2: Schreib-Lese-Kopf ist bereit, dass vorletzte Zeichen einzulesen.

Die Übergangsfunktion δ benötigt als Eingabe einen Wert aus $\{q_0, q_1, q_2\}$ und einen Wert aus Γ. Sie gibt dann einen Zustand aus Q, einen auf das aktuelle Feld zu schreibenden Wert aus Γ und die Verschieberichtung zurück. Sie lässt sich für die unterschiedlichen Eingabewerte wie folgt beschreiben.

	0	1	□
q_0	$(q_0, 0, \rightarrow)$	$(q_0, 1, \rightarrow)$	$(q_1, \Box, \leftarrow)$
q_1	$(q_2, 0, \leftarrow)$	$(q_N, 1, \leftarrow)$	$(q_N, \Box, \leftarrow)$
q_2	$(q_Y, 0, \leftarrow)$	$(q_N, 1, \leftarrow)$	$(q_N, \Box, \leftarrow)$

Die Erstellung von Programmen für eine DTM wird uns im Folgenden nicht weiter interessieren. Eine DTM ist eine allgemeine Beschreibung von Rechenverfahren, auf die sämtliche reale Computerprogramme zurückgeführt werden können. Im Gegensatz zu realen Programmen kann

3.2. Deterministische Turingmaschine

eine DTM allerdings dazu genutzt werden, die Zeitkomplexität eines Problems, also die Frage wie lange es im worst-case dauert eine Probleminstanz zu lösen, zu präzisieren.

Definition 3.11 (Laufzeit einer DTM)
Sei $x \in \Sigma^*$ die Instanz eines Entscheidungsproblems, $|x|$ die Anzahl der Symbole in x und T eine deterministische Turingmaschine zur Lösung dieses Entscheidungsproblems. Dann beschreibt T_x die Anzahl der Bewegungen des Schreib-Lese-Kopfes bis die Maschine zu einem Stopp kommt ($T_x = \infty$ ist möglich). Die Laufzeit $T(n)$ einer deterministischen Turingmaschine ist gegeben durch

$$T(n) := \max\{T_x | x \in \Sigma^*, |x| = n\}.$$

Eine Turingmaschine hat

- *lineare Laufzeit, wenn es eine natürliche Zahl $a \in \mathbb{N}$ gibt, so dass $T(n) \leq a \cdot n \; \forall n \in \mathbb{N}$ gilt (in der Landau-Notation ausgedrückt durch $T(n) \in O(n)$),*

- *polynomielle Laufzeit, wenn es natürliche Zahlen $a, b \in \mathbb{N}$ gibt, so dass $T(n) \leq a \cdot n^b \; \forall n \in \mathbb{N}$ gilt ($T(n) \in O(n^b)$),*

- *(mindestens) exponentielle Laufzeit, wenn es zwei natürliche Zahlen $a, n_0 \in \mathbb{N}, a > 1$ gibt, so dass $T(n) \geq a^n \; \forall n \in \mathbb{N}$ mit $n \geq n_0$ gilt.*

Bemerkung 3.12:
- Für die Berechnung der Laufzeit einer DTM wird also diejenige Instanz mit einer bestimmten Eingabelänge herangezogen, die die meisten Bewegungen des Schreib-Lese-Kopfes verursacht (worst-case-Betrachtung).

- Die Eingabelänge hängt stark von der Kodierung ab und daher kann die Kodierung auch Einfluss auf die Laufzeit einer DTM haben. Meist ist die Kodierung (sofern sie einigermaßen rational gewählt ist) allerdings irrelevant. Eine Besonderheit stellt nur die Kodierung in Unärdarstellung dar, die wir im Folgenden aber nur am Rande betrachten werden.

- Die präzise Bestimmung der Eingabelänge ist in der Regel nicht erforderlich um zu erkennen, ob eine DTM lineare, polynomielle oder exponentielle Laufzeit hat. Daher ist es in der Ablaufplanung bis auf wenige Ausnahme möglich, die Eingabelänge durch die Anzahl der Aufträge n und/oder die Anzahl der Maschinen m zu definieren.

- Es gibt Turingmaschinen, deren Laufzeit weder linear noch polynomiell ist (da sie zu langsam sind), aber auch nicht exponentiell ist (z.B. wenn $T(n) \approx ln(n)^{ln(n)}$). Diesen eher seltenen Fall werden wir aber nicht weiter betrachten.

- Jedes Computerprogramm ließe sich auch als Turingmaschine darstellen. Die in allen gängigen Programmiersprachen vorhandenen (Basis-)Operationen wie Addition, Multiplikation, Größenvergleich zweier Zahlen, etc. lassen sich auf einer Turingmaschine in linearer Zeit ausführen (zumindest bei der gleichen, binären Kodierung). Das bedeutet, dass die Anzahl der in einem Computerprogramm (oder allgemeiner: in einem Algorithmus) vorkommenden Operationen Aufschluss über die Laufzeit der zugehörigen DTM gibt.

Beispiel 3.13 ($1||L_{max}$)
Das Problem $1||L_{max}$ kann gelöst werden, indem die Aufträge nach Lieferterminregel sortiert werden (Satz 1.2). Für das Sortieren von n Aufträgen benötigt man z.b. mit „Bubblesort" maximal n^2 Vergleiche. Für das Problem gibt es also eine DTM mit polynomieller Laufzeit.

Definition 3.14 (Klasse P)
Ein Entscheidungsproblem liegt genau dann in der <u>Klasse P</u>, wenn es eine deterministische Turingmaschine mit polynomieller Laufzeit gibt, die das Entscheidungsproblem (korrekt) löst.

Beispiel 3.15
Die Probleme $1||L_{max}$, $1||\sum U_j$, $1||\sum w_j C_j$ sowie die Frage, ob eine Zahl durch vier teilbar ist, liegen in der Klasse P.

3.3. Nichtdeterministische Turingmaschine und NP-Schwere

Für viele Probleme lässt sich zeigen, dass sie in der Klasse P liegen. Allerdings gestaltet es sich äußerst schwierig zu zeigen, dass ein (Entscheidungs-)Problem NICHT in der Klasse P liegt und somit ist es für eine

3.3. Nichtdeterministische Turingmaschine und *NP*-Schwere

Vielzahl von Problemen nicht geklärt, ob sie in P liegen oder nicht. Die Forschung ist aber soweit, dass sie eine große Menge von Entscheidungsproblemen benennen kann (die *NP*-vollständigen Probleme, s.u.), für die gilt, dass wenn eines dieser Probleme in P liegen sollte, sämtliche anderen Probleme aus dieser Menge ebenfalls in P liegen.

Um diese Menge zu spezifizieren benötigen wir den Begriff der nichtdeterministischen Turingmaschine (NDTM). Es sei angemerkt, dass wir in diesem Buches ein leichter verständliches Modell einer NDTM betrachten, das nicht den gängigen Definitionen entspricht, zu diesen aber äquivalent ist. Bildlich gesprochen „rät" eine NDTM zunächst eine richtige Lösung, und wir können sogar davon ausgehen, dass die NDTM immer richtig rät. Anschließend überprüft sie mit den Funktionen einer DTM, ob diese Lösung die Entscheidungsfrage richtig beantwortet.

Beispiel 3.16 ($1 || \sum w_j C_j$)
INSTANZ: Gegeben eine Maschine, n Aufträge und für jeden Auftrag j eine Bearbeitungszeit p_j und ein Gewicht w_j. Weiter sei ein Zielwert φ gegeben.
FRAGE: Gibt es eine Permutation der Aufträge, so dass $\sum w_j C_j \leq \varphi$?

Angenommen, wir erhalten die beste Permutation „zugeflüstert" (von der NDTM). Anschließend ist es ein leichtes zu überprüfen, ob diese Permutation die Entscheidungsfrage mit Ja oder Nein beantworten lässt.

Definition 3.17 (Nichtdeterministische Turingmaschine)
Eine nichtdeterministische Turingmaschine (NDTM) entspricht genau einer deterministischen Turingmaschine mit dem einzigen Unterschied, dass sie keine deterministische Eingabe erhält, sondern eine zufällig erzeugte.

Definition 3.18 (Klasse NP)
Ein Entscheidungsproblem liegt genau dann in der <u>Klasse NP</u>, wenn es eine nichtdeterministische Turingmaschine mit polynomieller Laufzeit gibt, die bei mindestens einer zufällig erzeugten Eingabe das Entscheidungsproblem (korrekt) löst.

Ein Problem liegt also in *NP*, wenn bei Vorliegen der richtigen Lösung in polynomieller Zeit auf einer DTM gezeigt werden kann, ob diese Lösung die Entscheidungsfrage mit Ja oder Nein beantwortet.

Beispiel 3.19
1. Liegt ein Problem in P, so löst eine DTM mit Hilfe der Eingabe das Problem in polynomieller Zeit. Entspricht die (zufällige) Eingabe einer NDTM genau dieser Eingabe, so löst sie das Problem auch in polynomieller Zeit. Daher ist jedes Problem in P auch in NP: $P \subseteq NP$.

2. Wir betrachten das Entscheidungsproblem von $1|r_j|L_{\max}$ mit der Frage „Gibt es eine Permutation, so dass $L_{\max} \leq 0$?". Es wird vermutet, dass das Problem nicht in P liegt. Allerdings liegt es in NP, denn wenn die beste Permutation bekannt ist (und der Umstand, dass es sich um die beste Permutation handelt), so lässt sich in polynomieller Zeit prüfen, ob $L_{\max} \leq 0$.

Bemerkung 3.20:
1. Sämtliche Probleme, die sich auf einer NDTM lösen lassen, können auch auf einer DTM gelöst werden. Allerdings wird die Laufzeit auf der DTM in der Regel exponentiell sein, weil womöglich sämtliche (bei der NDTM gar nicht erst geratenen) Eingaben geprüft werden müssen.

2. Es ist unbekannt, ob es überhaupt Probleme gibt, die in NP liegen, aber nicht in P. Dies ist eine der meistdiskutierten offenen Fragestellungen der Informatik, Mathematik und BWL. Die meisten Wissenschaftler gehen allerdings von $P \neq NP$ aus.

Definition 3.21 (Reduktion von Entscheidungsproblemen)
Gegeben seien zwei Entscheidungsprobleme Π *und* Π'. Π *lässt sich auf* Π' <u>reduzieren</u> *(Schreibweise* $\Pi \preceq \Pi'$*), wenn es eine DTM gibt, die jede Instanz* x *von* Π*, die sie als Eingabe erhält, in eine Instanz* x' *von* Π' *umwandelt und die beiden folgenden Bedingungen erfüllt sind:*

- $x \in Y_\Pi$ *genau dann wenn* $x' \in Y_{\Pi'}$.
- *Die Umwandlung geschieht in polynomieller Laufzeit (in Abhängigkeit von der Länge des Inputs* $|x|$*).*

Bemerkung 3.22:
1. Wenn $\Pi \preceq \Pi'$, so kann eine DTM zur Lösung von Π' auch zur Lösung von Π verwendet werden, indem eine Instanz von Π in eine Instanz von Π' mittels der zugehörigen DTM umgewandelt wird.

2. Π' ist also „mindestens so schwer lösbar" wie Π.

3.3. Nichtdeterministische Turingmaschine und NP-Schwere 31

Beispiel 3.23
Das Entscheidungsproblem, ob sich eine positive ganze Zahl ohne Rest durch 2 teilen lässt, kann auf das Entscheidungsproblem, ob sich eine positive ganze Zahl ohne Rest durch 4 teilen lässt, reduzieren. Dazu wird die Eingabezahl einfach mit 2 multipliziert (was offensichtlich in linearer, und somit polynomieller Zeit möglich ist).

Beispiel 3.24
Häufig betrachten wir Spezialfälle von allgemeineren Problemen. So ist etwa $\alpha|\beta|\sum C_j$ ein Spezialfall von $\alpha|\beta|\sum w_j C_j$. Jeder Spezialfall lässt sich (offensichtlich) auf das allgemeinere Problem reduzieren.

Definition 3.25 (NP-vollständig, NP-schwer)
Ein Entscheidungsproblem Π heißt <u>NP-schwer</u>, wenn sich ALLE Probleme aus der Klasse NP auf Π in polynomieller Laufzeit reduzieren lassen. Liegt Π zusätzlich in NP, so heißt Π <u>NP-vollständig</u>.

Der Umstand, dass ein Entscheidungsproblem Π nur dann NP-schwer ist, wenn sich alle Probleme aus NP darauf reduzieren lassen, wirft die Frage auf, ob es überhaupt NP-schwere oder gar NP-vollständige Probleme gibt. Cook (1971) ist der Nachweis dazu gelungen, dass es tatsächlich ein NP-vollständiges Problem gibt. Für andere Entscheidungsprobleme ist ein Beweis, dass sie NP-schwer sind, dadurch deutlich einfacher geworden. Lässt sich nämlich zeigen, dass sich ein NP-vollständiges Problem auf ein anderes Problem Π reduzieren lässt, so ist Π NP-schwer.

Beispiel 3.26 ($1|r_j|L_{\max}$)
1. Das in Beispiel 3.19 (2) beschriebene Entscheidungsproblem ist NP-vollständig (siehe Satz 4.9).
2. $1|r_j|L_{\max}$ lässt sich auf $1|r_j,prec|L_{\max}$ reduzieren (bei letzterem können, müssen aber keine Vorrangbeziehungen enthalten sein). Somit ist $1|r_j,prec|L_{\max}$ NP-schwer.

Im Allgemeinen können wir davon ausgehen, dass fast alle praxisrelevanten Entscheidungsprobleme in NP liegen. Um eine Vorstellung zu bekommen, wie ein Problem außerhalb von NP aussehen kann, wird das folgende Beispiel genutzt.

Beispiel 3.27 ($1||\sum w_j C_j$)
INSTANZ: Gegeben seien eine Maschine, n Aufträge und für jeden Auftrag j eine Bearbeitungszeit p_j und ein Gewicht w_j. Weiter sei ein Zielwert φ gegeben.

FRAGE: Gilt für alle möglichen Permutationen der Aufträge die Eigenschaft $\sum w_j C_j \leq \varphi$?
Da für steigende Werte von n die Zahl der Permutationen exponentiell wächst, müssen exponentiell viele Permutationen verifiziert werden, da für alle Permutationen zu prüfen ist, ob der Zielfunktionswert kleiner gleich φ ist. Das Problem liegt also NICHT in NP.

Formal definiert haben wir bisher die Reduzierbarkeit von Entscheidungsproblemen. Optimierungsprobleme lassen sich natürlich über den Umweg des zugehörigen Entscheidungsproblems ebenfalls aufeinander reduzieren. Wir werden in den folgenden Beweisen ein eher informelles Verständnis von Reduzierbarkeit von Optimierungsproblemen der Ablaufplanung anwenden.

Bemerkung 3.28:
Ein Ablaufplanungsproblem $\alpha|\beta|\gamma$ lässt sich auf $\alpha'|\beta'|\gamma'$ reduzieren, wenn in polynomieller Zeit jeder Instanz von $\alpha|\beta|\gamma$ eine Instanz von $\alpha'|\beta'|\gamma'$ zugeordnet werden kann und jedem Ablaufplan für das Problem $\alpha'|\beta'|\gamma'$ in polynomieller Zeit ein Ablaufplan für das Problem $\alpha|\beta|\gamma$ derart zugeordnet werden kann, dass jedem optimalen Ablaufplan (d.h. mit minimalen γ') und nur jedem optimalen Ablaufplan von $\alpha'|\beta'|\gamma'$ ein optimaler Ablaufplan von $\alpha|\beta|\gamma$ zugeordnet werden kann.

Wie bereits erwähnt ist $\sum C_j$ ein offensichtlicher Spezialfall von $\sum w_j C_j$ und daher gilt $\alpha|\beta|\sum C_j \preceq \alpha|\beta|\sum w_j C_j$. Einer Instanz von $\alpha|\beta|\sum C_j$ kann eindeutig eine Instanz von $\alpha|\beta|\sum w_j C_j$ zugeordnet werden, nämlich die zugehörige Instanz in der stets $w_j = 1$ gilt ($\alpha|\beta|\sum 1 C_j$). Da diese Probleme dann äquivalent sind, ist eine Zuordnung der Lösungen, d.h. Ablaufpläne, trivial.

Analog ist auch $\sum T_j$ ein Spezialfall von $\sum w_j T_j$ und $\sum U_j$ ein Spezialfall von $\sum w_j U_j$. Unter den genannten Zielfunktionen gibt es aber noch weitere, nicht immer ganz offensichtliche Fälle, in denen sich eine Zielfunktion auf eine andere reduzieren lässt.

Satz 3.29
Gegeben zwei Ablaufplanungsprobleme $\alpha|\beta|C_{\max}$ und $\alpha|\beta|L_{\max}$. Die Einträge für α und β können also beliebig sein können, müssen aber in beiden Problemen gleich sein. Dann gilt

$$\alpha|\beta|C_{\max} \preceq \alpha|\beta|L_{\max}.$$

3.3. Nichtdeterministische Turingmaschine und *NP*-Schwere

BEWEIS: Es gilt zu zeigen, dass jeder Instanz von $\alpha|\beta|C_{\max}$ (in polynomieller Zeit) eine Instanz von $\alpha|\beta|L_{\max}$ zugeordnet werden kann und jeder optimale Ablaufplan von $\alpha|\beta|L_{\max}$ (und nur ein optimaler Ablaufplan) einen zugehörigen optimalen Ablaufplan in der Instanz von $\alpha|\beta|C_{\max}$ hat.

Eine Instanz von $\alpha|\beta|C_{\max}$ wird genau der Instanz von $\alpha|\beta|L_{\max}$ zugeordnet, in der für alle Aufträge $d_j = 0$, $j = 1, \ldots, n$, gilt. Dadurch gilt

$$L_{\max} = \max\{L_1, \ldots, L_n\} = \max\{C_1 - d_1, \ldots, C_n - d_n\}$$
$$= \max\{C_1 - 0, \ldots, C_n - 0\} = \max\{C_1, \ldots, C_n\} = C_{\max}.$$

Durch die Äquivalenz der Instanzen ist die Zuordnung der optimalen Ablaufpläne wieder trivial. □

Ein Ablaufplanungsproblem $\alpha|\beta|L_{\max}$ ist also immer „mindestens so schwer" wie $\alpha|\beta|C_{\max}$. Ist uns also z.B. bekannt, dass für bestimmte Werte von α und β das Problem, $\alpha|\beta|C_{\max}$ NP-schwer ist, so ist auch $\alpha|\beta|L_{\max}$ NP-schwer. Liegt hingegen $\alpha|\beta|L_{\max}$ in P, so liegt auch $\alpha|\beta|C_{\max}$ in P. Ansonsten lässt sich allerdings keine allgemeingültige Aussage treffen. Wenn wir z.B. wissen, dass $\alpha|\beta|C_{\max}$ in P liegt, so kann $\alpha|\beta|L_{\max}$ in P liegen, aber auch außerhalb von NP.

Satz 3.30 (Reduktionen von Ablaufplanungsproblemen)
Für beliebige aber feste Einträge α und β gilt

1. $\alpha|\beta|L_{\max} \preceq \alpha|\beta|\sum T_j$,
2. $\alpha|\beta|L_{\max} \preceq \alpha|\beta|\sum U_j$,
3. $\alpha|\beta|\sum C_j \preceq \alpha|\beta|\sum T_j$,
4. $\alpha|\beta|\sum w_j C_j \preceq \alpha|\beta|\sum w_j T_j$.

BEWEIS: 1. und 2. Für den Beweis nutzen wir die zugehörigen Entscheidungsprobleme. Wir führen also die Frage, ob es für ein gegebenes $\varphi \in \mathbb{N}$ einen Ablaufplan gibt, bei dem die maximale Verspätung kleiner als φ ist, auf die Frage, ob für gegebenes φ' ein Ablaufplan existiert, bei dem die Summe der Terminüberschreitungen (bzw. die Anzahl der Terminüberschreitungen) kleiner als φ' ist.

Der Fall $\varphi = 0$ ist dabei einfach, denn der ist genau dann erfüllt, wenn bei dieser Instanz $\sum T_j = \sum U_j = 0$ ist. Wir können also davon ausgehen, dass $\varphi > 0$. Betrachte für diesen Fall eine abgewandelte Instanz von $\alpha|\beta|L_{\max}$, die sich nur dadurch unterscheidet, dass alle Liefertermine um φ Einheiten nach hinten verschoben werden. Genau dann, wenn es im Originalproblem einen Ablaufplan mit maximaler Verspätung von φ gibt, gibt es im abgewandelten Problem einen Ablaufplan mit maximaler Verspätung von Null, so dass auch die Summe der Terminüberschreitungen und die Anzahl der Terminüberschreitungen gleich Null ist.

3. und 4. Analog zum Beweis von Satz 3.29 wird wieder $d_j = 0$, $j = 1, \ldots, n$, für alle Aufträge angenommen. Die Äquivalenz der Probleme ist dann offensichtlich. $\square$

Korollar 3.31 (Hierarchie der Zielfunktionen)
Jeder der Pfeile in der folgenden Abbildung bedeutet, dass sich die Zielfunktion am Ursprung des Pfeils auf die Zielfunktion am Ende des Pfeils reduzieren lässt (in dieser Abbildung wird zur besseren Darstellung ein Pfeil statt des üblichen Symbols $\preceq$ gewählt).

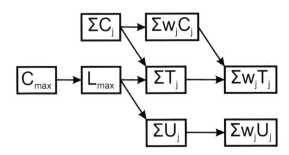

4. Einmaschinenmodelle

Fassen wir zunächst einmal die Ablaufplanungsprobleme mit einer Maschine zusammen, die wir bereits kennengelernt haben. Dazu sei angemerkt, dass das Sortieren von n Aufträgen mit einem Zeitaufwand von $O(n \log n)$ machbar ist.

Problem	$1||L_{\max}$	$1||\sum U_j$	$1||\sum w_j C_j$	$1||\sum C_j$
Zeitaufwand	$O(n \log n)$	$O(n \log n)$	$O(n \log n)$	$O(n \log n)$
Komplexitätsklasse	P	P	P	P
Referenz	Bsp 1.1	Bsp 1.3	Bsp 2.3	Aufg. 2

Auf Grund von Satz 3.29 und Satz 3.30 folgt aus der Lösbarkeit von $1||\sum U_j$ sofort, dass $1||L_{\max}$ und $1||C_{\max}$ ebenfalls in P liegen und somit leicht lösbar sind. Weiter kann man überlegen, dass manche Einträge im Feld β eine Problemstellung vereinfachen. Das gilt für $p_j = p$, $d_j = d$ und die Kombination dieser beiden Einträge. Somit liegen alle in der Tabelle genannten Probleme, die durch diese Werte für β ergänzt werden immer noch in P.

Betrachten wir zunächst die drei verbleibenden Probleme, bei denen der Eintrag β leer bleibt.

Satz 4.1
Die Probleme $1||\sum T_j$, $1||\sum w_j T_j$, $1||\sum w_j U_j$ sind alle NP-schwer.

BEWEIS: Siehe die zu Grunde liegende Literatur. Du und Leung (1990) beweisen die NP-schwere von $1||\sum T_j$, womit direkt der Fall $1||\sum w_j T_j$ abgedeckt ist. Ein Beweis, dass $1||\sum w_j U_j$ NP-schwer ist, findet sich bei Lawler und Moore (1969) und Karp (1972).

Zu $1||\sum w_j U_j$ sei angemerkt, dass der Spezialfall $1|d_j = d|\sum w_j U_j$ äquivalent zum Rucksackproblem ist. Der Liefertermin entspricht der Kapazität des Rucksacks und die Bearbeitungszeit eines Auftrags entspricht dem Platz, den ein Teil im Rucksack benötigt. Die Gewichte wiederum spiegeln den Gewinn eines Teils wider. □

Verallgemeinerungen der in Satz 4.1 beschriebenen Probleme sind somit allesamt NP-schwer. Verallgemeinerungen sind dabei zusätzliche Nebenbedingungen, die vorhanden sein können, aber nicht müssen. Das sind im Feld β die Einträge r_j, $prec$, s_{jk} sowie sämtliche Kombinationen dieser drei Einträge.

Es stellt sich nun die Frage, wie weit sich die leichten Probleme verallgemeinern lassen (insbesondere durch Hinzufügen der Bedingungen s_{jk},r_j und $prec$), so dass sie weiterhin in P liegen. Andererseits ist es bei den drei NP-schweren Problemen wichtig herauszufinden, ob sich womöglich Spezialfälle leicht lösen werden.

Da wir in diesem Buch natürlich nicht den gesamten aktuellen Stand der Forschung widerspiegeln können, sei auf den „scheduling zoo" verwiesen. Auf der Website http://www-desir.lip6.fr/~durrc/query/ können Sie mit wenigen Klicks die Charakteristika eines Ablaufplanungsproblems eingeben und erfahren dann, in welcher Komplexitätsklasse das Problem liegt bzw. ob es sich um ein noch ungelöstes Problem handelt und wo es weitere Informationen dazu gibt.

4.1. Minimierung der Gesamtdauer

***Satz 4.2** ($1|r_j|C_{\max}$)*
Das Problem $1|r_j|C_{\max}$ lässt sich in $O(n \log n)$ lösen, liegt also in P.

Statt eines formalen Beweises dieses Satzes sei angemerkt, dass die Sortierung der Aufträge aufsteigend nach r_j offensichtlich einen optimalen Ablaufplan liefert. Das Sortieren einer Menge lässt sich, wie bereits erwähnt, in $O(n \log n)$ Schritten erreichen.

***Satz 4.3** ($1|prec|C_{\max}$)*
Das Problem $1|prec|C_{\max}$ lässt sich in $O(n^2)$ Schritten lösen, liegt also in P. Wenn es auf Grund der Vorrangbeziehungen einen zulässigen Ablaufplan gibt, so entspricht der Zielfunktionswert stets der Summe der Bearbeitungszeiten: $C_{\max} = \sum\limits_{j \in \{1,...,n\}} p_j$.

Auch hier gibt es ein Verfahren, dass recht offensichtlich den optimalen Ablaufplan liefert.

Algorithmus 2 (1|prec|$C_{\max}$):

1. **Initialisierung:** Sei $J = \{1, \ldots, n\}$ die Menge der noch einzuplanenden Aufträge.

2. **Ermittlung des nächsten Auftrags:** Wähle einen Auftrag $j \in J$, für den es keinen anderen Auftrag in J gibt, der vor j ausgeführt werden muss.
   Falls es keinen derartigen Auftrag gibt, so gibt es in den Vorrangbeziehungen einen Kreis und die Instanz ist nicht lösbar.

3. **Rekursion:** Plane j als nächsten Auftrag ein und entferne j aus der Menge J. Wenn J leer ist, dann stopp, sonst gehe zu Schritt 2.

Bisher haben wir also nur Probleme der Form $1|\beta|C_{\max}$ kennen gelernt, die in P liegen. Das ist allerdings nicht immer der Fall.

Satz 4.4 *(1|s_{jk}|$C_{\max}$)*
Das Problem $1|s_{jk}|C_{\max}$ ist NP-schwer.

BEWEIS: Um zu zeigen, dass dieses Problem *NP*-schwer ist, wird ein *NP*-schweres Problem darauf reduziert. Dafür nehmen wir das Problem eines Handlungsreisenden, (Traveling Salesman Problem) das *NP*-schwer ist. Das Problem eines Handlungsreisenden ist auch dann *NP*-schwer, wenn der Reisende am Ende nicht zu seinem Ausgangsort zurückkehren muss. Diese Variante lässt sich wie folgt auf $1|s_{jk}|C_{\max}$ reduzieren. Für jede der zu besuchenden Städte generiere einen Auftrag des Ablaufplanungsproblems. Die Distanzen der Städte werden durch die reihenfolgeabhängigen Rüstzeiten symbolisiert. Aus einem optimalen Ablaufplan für $1|s_{jk}|C_{\max}$ lässt sich also direkt ein kürzester Weg für den Handlungsreisenden ableiten. □

4.2. Minimierung der (gewichteten) Summe der Fertigstellungszeitpunkte

Obwohl sich $1||\sum C_j$ und auch die Verallgemeinerung $1||\sum w_j C_j$ durch einfaches Sortieren lösen lassen, gilt das nicht für viele weitere Verallgemeinerungen im Feld β. Ohne auf die Beweise im Detail eingehen zu wollen, halten wir fest:

Satz 4.5
Die Probleme $1|r_j|\sum C_j$ und $1|prec|\sum C_j$ sind beide NP-schwer.

BEWEIS: Der Beweis für $1|r_j|\sum C_j$ findet sich in Lenstra et al. (1977) und der Beweis für $1|prec|\sum C_j$ in Lenstra und Rinnooy Kan (1978). □

Aus dem Satz 4.5 in Kombination mit Satz 3.31 folgt direkt, dass auch $1|r_j|\sum w_j C_j$ und $1|prec|\sum w_j C_j$ schwer lösbar sind, dass sie also NP-schwer sind.

Sind von der Reihenfolge abhängige Rüstzeiten zu beachten, so gibt es nach unserem Wissen keine Veröffentlichung, die die Komplexität für die Summe der Fertigstellungszeitpunkte untersucht. Entsprechend stellen wir einen Beweis vor, der die NP-Schwere dieses Problems zeigt. Der Beweis greift einige Ideen des Beweises von Satz 4.4 auf.

Satz 4.6 *($1|s_{jk}|\sum C_j$)*
Das Problem $1|s_{jk}|\sum C_j$ ist NP-schwer.

BEWEIS: Wir zeigen, dass der Spezialfall $1|s_{jk}, p_j = 1|\sum C_j$ NP-schwer ist. Dazu nutzen wir einen (NP-schweren) Spezialfall des Problems eines Handlungsreisenden, bei dem die maximale Strecke zwischen zwei Städten kleiner als eine ganze Zahl $b \in \mathbb{N}$ ist. Wir gehen wieder von der Variante aus, dass der Handlungsreisende nicht zu seinem Ausgangsort zurückkehren muss. Sei n' die Anzahl der zu besuchenden Städte einer Instanz des Problems eines Handlungsreisenden, die wir nun auf $1|s_{jk}|\sum C_j$ abbilden wollen.

Im Ablaufplanungsproblem gebe es insgesamt $n = bn'^3$ Aufträge. Die ersten n' Aufträge, nennen wir sie „vordere Aufträge", entsprechen genau den Städten, so dass (analog zum Beweis von Satz 4.4) die Rüstzeiten zwischen zwei dieser Aufträge genau der Entfernung $dist(j,k)$ zwischen den beiden zugehörigen Städten entspricht. Allgemein gelten folgende Rüstzeiten:

$$s_{jk} = \begin{cases} dist(j,k) & \text{wenn } 1 \leq j,k \leq n' \\ 0 & \text{wenn } 1 \leq j \leq n' < k \leq bn'^3 \\ 2(bn')^6 & \text{wenn } 1 \leq k \leq n' < j \leq bn'^3 \\ 0 & \text{wenn } n' < j, k \leq bn'^3 \\ 0 & \text{wenn } j = 0 \text{ und } 1 \leq k \leq bn'^3 \end{cases}$$

4.2. Minimierung der (gewichteten) Fertigstellungszeitpunkte

Die Rüstzeit von einem der vorderen Aufträge zu einem der hinteren Aufträge ist also immer 0, während die umgekehrte Reihenfolge die (sehr hohe) Rüstzeit $2(bn')^6$ zur Folge hat. Alle verbleibenden Rüstzeiten seien gleich 0. Die Bearbeitungszeiten seien alle gleich 1.

Wir zeigen folgende Eigenschaft eines optimalen Ablaufplans: Ein hinterer Auftrag kann niemals direkt vor einem vorderen Auftrag liegen. Läge ein hinterer Auftrag vor einem vorderen, so wäre der Zielfunktionswert allein wegen eines Auftrags (viel) größer als $2(bn')^6$. Der optimale Ablaufplan hat aber sicher einen Zielfunktionswert, der kleiner als $2(bn')^6$ ist. Betrachten wir dazu zunächst die Gesamtbearbeitungszeit $C_{\max}$ für den Fall, dass zuerst alle vorderen Aufträge ausgeführt werden. Dann fallen nur zwischen den vorderen n' Aufträgen Rüstzeiten an, deren Summe kleiner gleich $b(n'-1)$ ist. $C_{\max}$ ist also unter Berücksichtigung der Bearbeitungszeiten kleiner gleich $b(n'-1+n'^3)$. Da stets $C_j \leq C_{\max} \leq b(n'-1+n'^3) < 2(bn')^3$ gilt und es bn'^3 Aufträge gibt, ist der Zielfunktionswert $\sum C_j$ sicher kleiner als $2(bn')^6$.

Wir wissen nun also, dass alle vorderen Aufträge tatsächlich als erstes ausgeführt werden müssen. Weiter lässt sich beobachten, dass $\sum C_j$ nur dann minimal sein kann, wenn $C_{\max}$ minimal ist. Das lässt sich wie folgt begründen. Der letzte der vorderen Aufträge (die einzig und allein $C_{\max}$ bestimmen) hat einen Fertigstellungszeitpunkt der kleiner als bn' ist. Die Summe der Fertigstellungszeitpunkte der n' vorderen Aufträge ist also sicher kleiner als bn'^2. Lässt sich $C_{\max}$ durch die Anordnung der vorderen Aufträge nur um eine Einheit verringern, so verringert sich für jeden hinteren Auftrag der Fertigstellungszeitpunkt um eine Einheit, insgesamt also um bn'^2 Einheiten.

Es muss also die Gesamtbearbeitungszeit minimiert werden, was genau dann der Fall ist, wenn das zugehörige Problem eines Handlungsreisenden optimal gelöst ist. □

Der gewichtete Fall, also $1|s_{jk}|\sum w_j C_j$, stellt eine Verallgemeinerung dar und ist somit ebenfalls NP-schwer, siehe dazu Allahverdi et al. (2008) und Graves und Lee (1999).

Wir betrachten noch ein Problem, das sich leicht lösen lässt, nämlich $1|r_j, pmtn|\sum C_j$. In dieser Problemstellung kann die Bearbeitung eines Auftrags unterbrochen werden, insbesondere dann, wenn ein anderer Auftrag mit kürzerer Bearbeitungszeit bereitgestellt wird. Die Aufträge werden dabei nach der kürzesten verbleibenden Bearbeitungszeit eingeplant (SRPT-Regel - shortest remaining processing time). Der zugehörige Algorithmus liefert stets einen optimalen Ablaufplan.

Algorithmus 3 $(1|r_j, pmtn| \sum C_j)$:

1. **Initialisierung:** Sei $J = \{1, \ldots, n\}$ die Menge der noch einzuplanenden Aufträge. Weiter sei $p_j^{(r)} := p_j \; \forall j \in J$ die noch verbleibende Bearbeitungszeit eines Auftrags j. Der aktuelle Zeitpunkt sei $t = 0$.

2. **Ermittlung des nächsten Auftrags:** Wähle $j^* \in \operatorname*{argmin}_{j \in J, r_j \leq t} p_j^{(r)}$, also einen Auftrag, der unter den bereits verfügbaren Aufträgen die kürzeste Restbearbeitungszeit besitzt (j^* muss nicht existieren). Sei $r^{(\min)} := \min_{j \in J, r_j > t} r_j$ der nächste Zeitpunkt, an dem ein Auftrag freigegeben wird. Falls kein j^* existiert, setze $t = r^{(\min)}$ und beginne erneut mit Schritt 2. Falls $r^{(\min)} < t + p_{j^*}^{(r)}$ (Auftrag j^* kann nicht fertiggestellt werden, bevor ein weiterer Auftrag bereitgestellt wird), gehe zu Schritt 3, sonst gehe zu Schritt 4.

3. **Unterbrechung:** Führe Auftrag j^* bis zum Zeitpunkt $r^{(\min)}$ aus und unterbreche die Bearbeitung. Setze $p_{j^*}^{(r)} = p_{j^*}^{(r)} - r^{(\min)} + t$ und $t = r^{(\min)}$. Gehe zu Schritt 2.

4. **Beendigung eines Auftrags:** Führe Auftrag j^* bis zur Fertigstellung aus. Setze $t = t + p_{j^*}^{(r)}$ und entferne j^* aus J. Wenn J nicht leer ist, gehe zu Schritt 2.

Beispiel 4.7
Betrachte die folgende Instanz des Problems $1|r_j, pmtn| \sum C_j$.

j	1	2	3	4
p_j	6	8	3	4
r_j	0	0	2	14

Wenden Sie Algorithmus 3 auf dieses Beispiel an.

Zu Beginn sind die Aufträge 1 und 2 verfügbar. Da Auftrag 1 mit 6 Zeiteinheiten die kleinere verbleibende Bearbeitungszeit hat, wird dieser Auftrag zuerst ausgeführt. Die nächste Ankunftszeit ist bereits zum Zeitpunkt 2, so dass wir in Schritt 3 des Algorithmus gelangen und Auftrag

1 zunächst nur bis zum Zeitpunkt 2 ausführen. Entsprechend befinden wir uns nun im Zeitpunkt 2 und die verbleibende Bearbeitungszeit von Auftrag 1 wird auf 4 gesetzt.

Unter den drei nun verfügbaren Aufträgen hat Auftrag 3 die kürzeste Bearbeitungszeit. Diese kann komplett durchgeführt werden (Schritt 4 des Algorithmus). Anschließend wird Auftrag 1 beendet, so dass wir uns in Zeitpunkt 9 befinden und nur noch Aufträge 2 und 4 zu bearbeiten haben. Hierbei ist zu beachten, dass Auftrag 2 als einzig verfügbarer Auftrag zunächst bis zum Zeitpunkt 14 ausgeführt wird und somit noch eine Restbearbeitungszeit von 3 aufweist. Anschließend wird Auftrag 2 weiterbearbeitet, da seine verbleibende Bearbeitungszeit inzwischen kürzer ist als die von Auftrag 4.

Der optimale Ablaufplan ist in Abbildung 4.1 als Gantt-Diagramm dargestellt.

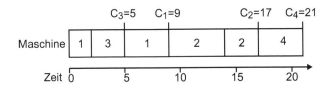

Abbildung 4.1.: Optimaler Ablaufplan von Beispiel 4.7

Die Verallgemeinerung dieser Problemstellung, bei der die Summe der gewichteten Fertigstellungszeitpunkte als Zielfunktion angewendet wird, ist hingegen nicht mehr einfach lösbar.

Satz 4.8 *($1|r_j, pmtn| \sum w_j C_j$)*
Das Problem $1|r_j, pmtn| \sum w_j C_j$ ist NP-schwer.

BEWEIS: Siehe Labetoulle et al. (1982). □

4.3. Vom Liefertermin abhängige Zielfunktionen

Wir betrachten zunächst die Zielfunktion $L_{\max}$. Da $C_{\max}$ ein Spezialfall davon ist, sind Probleme, die mit der Zielfunktion $C_{\max}$ schwer sind, auch bei Anwendung der Zielfunktion $L_{\max}$ schwer. Insbesondere ist also $1|s_{jk}|L_{\max}$ NP-schwer, weil $1|s_{jk}|C_{\max}$ NP-schwer ist.

Das Problem $1|prec|L_{\max}$ ist hingegen einfach lösbar, indem Algorithmus 2 etwas erweitert wird.

Algorithmus 4 ($1|prec|L_{\max}$):

1. **Initialisierung:** Sei $J = \{1, \ldots, n\}$ die Menge der noch einzuplanenden Aufträge.

2. **Ermittlung des nächsten Auftrags:** Wähle unter allen Aufträgen aus J, bei denen kein anderer Auftrag aus J eher ausgeführt werden muss, denjenigen Auftrag j aus, dessen Liefertermin am frühesten ist.

   Falls es keinen derartigen Auftrag gibt, so gibt es in den Vorrangbeziehungen einen Kreis und die Instanz ist nicht lösbar.

3. **Rekursion:** Plane j als nächsten Auftrag ein und entferne j aus der Menge J. Wenn J leer ist, dann stopp, sonst gehe zu Schritt 2.

Müssen für die Aufträge allerdings Ankunftszeiten berücksichtigt werden, so liegt wieder ein NP-schweres Problem vor. Bei dem zugehörigen Beweis wird bewusst nicht nur auf die Literatur verwiesen (Lenstra et al. (1977)), da er einerseits sehr prototypisch für Komplexitätsbeweise in der Ablaufplanung ist, und er andererseits eines der bedeutendsten NP-schweren Probleme nutzt, das 3-Partition Problem.

Satz 4.9 ($1|r_j|L_{\max}$)
Das Problem $1|r_j|L_{\max}$ ist NP-schwer.

BEWEIS: Um zu zeigen, dass es NP-schwer ist, wird das NP-schwere Problem „3-Partition" darauf reduziert. 3-Partition ist wie folgt definiert.

INSTANZ: Gegeben seien eine Menge A mit genau $3m, m \in \mathbb{N}$, Elementen und für jedes Element $a \in A$ die „Größe" dieses Elements $p_a \in \mathbb{N}$, wobei $\frac{B}{4} < p_a < \frac{B}{2}$ gilt und $B := \frac{\sum_{a \in A} p_a}{m}$ eine ganze Zahl ist.
FRAGE: Kann die Menge A in m Mengen $S_1, \ldots, S_m$ aufgeteilt werden, so dass $\sum_{a \in S_i} p_a = B$ für alle $i \in \{1, \ldots, m\}$ gilt?

Das bedeutet, dass in jeder Teilmenge S_i genau drei Elemente vorkommen müssen.

Ausgehend von einer beliebigen Instanz von 3-Partition konstruieren wir nun eine Instanz von $1|r_j|L_{\max}$, für die es einen Ablaufplan mit Wert

4.3. Vom Liefertermin abhängige Zielfunktionen

$L_{\max} = 0$ genau dann gibt, wenn die Instanz von 3-Partition eine Ja-Instanz ist. Bei dieser Instanz von $1|r_j|L_{\max}$ gebe es $4m-1$ Aufträge. Die letzten $m-1$ Aufträge $3m+1, 3m+2, \ldots, 4m-1$, wir nennen sie „Blocker", haben alle die Bearbeitungszeit $p_a = B, \forall a \in 3m+1, \ldots, 4m-1$. Die Ankunftszeiten sind $r_{3m+1} = B, r_{3m+2} = 3B, r_{3m+3} = 5B$, usw. Die Liefertermine sind $d_{3m+1} = 2B, d_{3m+2} = 4B, d_{3m+3} = 6B$, usw. Ankunftszeiten und Liefertermine liegen so dicht beieinander, dass diese Aufträge direkt zur Ankunftszeit beginnen müssen, damit $L_{\max} \leq 0$. Die Anordnung dieser $m-1$ Blocker ist in folgender Abbildung dargestellt.

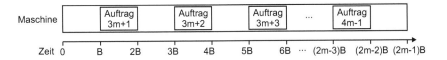

Die restlichen $3m$ Aufträge haben alle eine Bearbeitungszeit, die genau den Größen der Elemente der Instanz von 3-Partition entsprechen, also $p_j, j \in \{1, \ldots, 3m\}$ sowohl als Größe als auch als Bearbeitungszeit aufzufassen ist. Alle diese Aufträge haben die Ankunftszeit 0 ($r_j = 0, j \in \{1, \ldots, 3m\}$) und den Liefertermin $(2m-1)B$ ($d_j = (2m-1)B, j \in \{1, \ldots, 3m\}$). Wenn die Instanz von 3-Partition eine Ja-Instanz ist, so müssen die Blocker genau zu den Zeiten, wie in der Abbildung illustriert eingeplant werden und es können die anderen Aufträge in den Lücken zwischen den Blockern positioniert werden und die Instanz von $1|r_j|L_{\max}$ besitzt einen Ablaufplan mit $L_{\max} = 0$. Andererseits, wenn es einen Ablaufplan der Instanz von $1|r_j|L_{\max}$ mit $L_{\max} = 0$ gibt, dann werden die Lücken zwischen den Blöcken vollständig genutzt und in jeder Lücke werden genau drei Aufträge bearbeitet. Wir erhalten also eine Aufteilung der Elemente der Instanz von 3-Partition die zeigt, dass es sich um eine Ja-Instanz handelt. □

Wird dieses Problem derart abgewandelt, dass Unterbrechung erlaubt ist, liegt ein in polynomieller Zeit lösbares Problem vor. Wir verzichten auf die explizite Darstellung des Algorithmus für $1|r_j, pmtn|L_{\max}$, denn er folgt dem gleichen Schema wie Algorithmus 3. Der einzige Unterschied ist, dass in Schritt 2 nicht der Auftrag mit kürzester Restbearbeitungszeit gewählt wird, sondern derjenige, dessen Lieferzeitpunkt am nächsten ist: Gewählt wird also $j^* \in \underset{j \in J, r_j \leq t}{\arg\min} \, d_j$.

Betrachten wir nun als Zielfunktion die Anzahl verspäteter Aufträge $\sum U_j$. Da dies eine Verallgemeinerung von $L_{\max}$ ist, sind offensichtlich $1|r_j|\sum U_j$ und $1|s_{jk}|\sum U_j$ beide NP-schwer. Verbleibt also nur noch eine Verallgemeinerung.

Satz 4.10 ($1|prec|\sum U_j$)
Das Problem $1|prec|\sum U_j$ ist NP-schwer.

BEWEIS: Der Spezialfall, in dem die Vorrangbeziehungen nur in sogenannten Ketten vorkommen (d.h. dass in jedem Auftrag maximal eine Vorrangbeziehung endet und maximal eine beginnt) und bei dem die Prozesszeiten alle gleich sind, ist ebenfalls NP-schwer. Für dieses Problem $1|chains, p_j = p|\sum U_j$ findet sich der Beweis bei Lenstra und Rinnooy Kan (1980). □

Anders als bei allen anderen Problemen in P, die wir in diesem Kapitel untersuchen, präsentieren wir für das Problem $1|r_j, pmtn|\sum U_j$ keinen Algorithmus. Ein Verfahren, das von Lawler (1990) vorgestellt wurde und auf der Dynamischen Programmierung basiert, würde hier den Umfang etwas sprengen.

Nachdem wir nun untersucht haben, wie sich Verallgemeinerungen auf die einfachen Einmaschinenprobleme auswirken, gilt es nun, die drei „schweren" Zielfunktionen $\sum w_j U_j$, $\sum T_j$ und $\sum w_j T_j$ dahingehend zu untersuchen, ob sich womöglich Spezialfälle leicht lösen lassen.

Für die Zielfunktion $\sum w_j U_j$ ist der Spezialfall mit einheitlichen Lieferterminen $1|d_j = d|\sum w_j U_j$ – wie bereits gesehen – äquivalent zum Rucksackproblem und somit schwer. Falls die Bearbeitungszeiten identisch sind, gibt es hingegen einen Algorithmus mit polynomieller Laufzeit, der stets einen optimalen Ablaufplan liefert. Für das Verfahren brauchen die Bearbeitungszeiten nicht einmal identisch zu sein, sie müssen nur in den Gewichten *übereinstimmend* sein.

Definition 4.11 (Übereinstimmende Bearbeitungszeiten u. Gewichte)
Bei einer Instanz eines Ablaufplanungsproblems werden Bearbeitungszeiten und Gewichte als übereinstimmend (eng.: agreeable) bezeichnet, wenn für zwei Aufträge j und k mit $p_j < p_k$ stets $w_j \geq w_k$ gilt. In anderen Worten: Ist die Bearbeitungszeit eines Auftrags kleiner als die eines anderen, so darf das Gewicht nicht kleiner sein.

4.3. Vom Liefertermin abhängige Zielfunktionen

Das Verfahren ähnelt sehr stark dem Verfahren von Moore (Algorithmus 1), allerdings muss in Schritt 3 genauer präzisiert werden, welcher Auftrag nach hinten verschoben wird. Das ist erneut der längste Auftrag. Wenn dieser Auftrag eindeutig ist, hat er auch das geringste Gewicht, da Bearbeitungszeiten und Gewichte als übereinstimmend angenommen werden. Gibt es allerdings mehrere Aufträge maximaler Länge (was z.B. im Falle von $p_j = p$ stets gegeben ist), so wird unter diesen Aufträgen derjenige mit geringstem Gewicht gewählt.

Algorithmus 5 ($1|p_j = p| \sum w_j U_j$, $1|$agreeable$| \sum w_j U_j$):

1. **Initialisierung:** Sortiere die Aufträge nicht-absteigend nach Lieferterminen. Es sei somit $d_1 \leq \ldots \leq d_n$ angenommen. Setze $S(j) = j \; \forall j \in \{1, \ldots, n\}$. Sei $U := 0$.

2. **Stoppkriterium:** Falls $C_j \leq d_j \; \forall j \in \{1, \ldots, n\}$ mit $S(j) \leq n - U$, dann stopp.

3. **Bestimmung des zu verschiebenden Auftrags:**
   Sei $k := \underset{j \in \{1, \ldots, n\}}{\arg\min} \{S(j) | C_j > d_j, S(j) \leq n - U\}$ der am frühsten eingeplante, verspätete Auftrag. Die ersten $S(k)$ Aufträge seien mit $J^{(k)} := \{j \in \{1, \ldots, n\} | 1 \leq S(j) \leq S(k)\}$ bezeichnet. Die Menge $L := \{j \in J^{(k)} | p_j = \max\{p_{j'} | j' \in J^{(k)}\}\}$ bezeichne alle Aufträge, die innerhalb von $S(k)$ die längste Bearbeitungszeit haben. Unter diesen sei $l \in \underset{j \in L}{\arg\min}\{w_j\}$ ein Auftrag mit dem geringsten Gewicht.

4. **Verschieben des Auftrags:** Definiere folgenden Ablaufplan:

$$S'(j) = \begin{cases} n & \text{falls } j = l \\ S(j) - 1 & \text{falls } S(l) < S(j) \leq n \\ S(j) & \text{sonst} \end{cases}$$

   Setze $S := S'$, $U := U + 1$ und gehe zu Schritt 2.

Für die Zielfunktion $\sum T_j$ sind beide Spezialfälle, gleiche Bearbeitungszeit und gleiche Liefertermine, leicht lösbar. Dass $1|p_j = p| \sum T_j$ leicht lösbar ist, ist offensichtlich, da $1|p_j = p| \sum w_j T_j$ leicht lösbar ist (siehe Aufgabe 15). Bleibt also nur noch das Problem $1|d_j = d| \sum T_j$.

Satz 4.12 $(1|d_j = d| \sum T_j)$
Das Problem $1|d_j = d| \sum T_j$ lässt sich in $O(n \log n)$ Schritten lösen, da die Sortierung der Aufträge aufsteigend nach Bearbeitungszeit (SPT-Regel - Shortest Processing Time-Regel) stets einen optimalen Ablaufplan liefert.

BEWEIS: Vorab sei angemerkt, dass durch die einheitlichen Liefertermine die Reihenfolge der Aufträge, die bis zum Zeitpunkt d fertiggestellt werden, irrelevant ist. Für die übrigen Aufträge gilt es, die Summe der Fertigstellungszeitpunkte zu minimieren (Überlegen Sie sich, warum!). Angenommen es gäbe einen besseren Ablaufplan, der nicht nach Bearbeitungszeiten sortiert ist. Betrachte ein beliebiges benachbartes Auftragspaar (j, j') mit $p_j > p_{j'}$ und $C_j < C_{j'}$ („falsche Reihenfolge"). Werden diese beiden Aufträge vertauscht, so ergeben sich neue Fertigstellungszeitpunkte C_j^{neu} und $C_{j'}^{neu}$. Die Fertigstellungszeitpunkte aller vorher eingeplanten Aufträge ändern sich dadurch natürlich nicht. Offensichtlich gilt $C_j^{neu} = C_{j'}$, somit ändern sich auch nicht die Fertigstellungszeitpunkte der nachfolgend eingeplanten Aufträge. Weiter gilt $C_{j'}^{neu} < C_j$. Falls $C_j > d$, so verringert sich der Zielfunktionswert, andernfalls bleibt er gleich. Durch sukzessives Vertauschen von Aufträgen wird also die SPT-Reihenfolge erzielt, ohne dass sich der Zielfunktionswert verschlechtert. Das ist ein Widerspruch zu der Annahme, dass der ursprüngliche Ablaufplan besser als die SPT-Reihenfolge ist. □

Die SPT-Regel wird auf Deutsch auch KOZ-Regel genannt, also die Auswahl nach der kürzesten Operationszeit (=Auftragszeit).

Als letzten zu betrachteten Standardfall der Einmaschinenmodelle bleibt das Problem $1|d_j = d| \sum w_j T_j$. Allerdings scheint es unwahrscheinlich, dass ein polynomielles Verfahren für dieses Problem existiert.

Satz 4.13 $(1|d_j = d| \sum w_j T_j)$
Das Problem $1|d_j = d| \sum w_j T_j$ ist NP-schwer.

BEWEIS: Siehe Yuan (1992). □

Bevor wir die in diesem Kapitel gewonnenen Erkenntnisse bezüglich der Komplexität zusammenfassen, gehen wir noch einmal auf den Begriff der Verallgemeinerung bzw. des Spezialfalls ein. Nicht jede Änderung an einer Problemstellung ist zwangsläufig eine Verallgemeinerung oder ein Spezialfall, wie in der folgenden Bemerkung hervorgehoben wird.

4.3. Vom Liefertermin abhängige Zielfunktionen

Bemerkung 4.14:
1. Es sei angemerkt, dass der Fall der Unterbrechung $pmtn$ (bzw. $r_j, pmtn$) allgemein weder als Verallgemeinerung noch als Spezialfall gewertet werden kann. Obwohl wir hier hauptsächlich Fälle kennengelernt haben, in denen das Hinzufügen von $pmtn$ ein Problem vereinfacht, so muss dies nicht immer der Fall sein. Es gilt dabei Folgendes zu unterscheiden. Der Zielfunktionswert einer Instanz kann sich durch Hinzunahme von $pmtn$ natürlich nicht verschlechtern, denn ein Ablaufplan ohne Unterbrechung ist ja weiterhin erlaubt. Womöglich gibt es aber bei Unterbrechung einen optimalen Zielfunktionswert, der schwer (im Sinne von NP-schwer) zu ermitteln ist.
   In dem hier betrachteten Einmaschinenfall mit den gegebenen Zielfunktionen ist $r_j, pmtn$ allerdings tatsächlich eine Verallgemeinerung.

2. Die Kodierung eines Entscheidungsproblems kann in gewissen Fällen Einfluss auf die Laufzeit einer Turingmaschine haben, und somit auch auf den Umstand, ob ein Problem sicher der Menge P zugeordnet werden kann, oder nicht. Einige der bereits betrachteten NP-schweren Probleme können in polynomieller Zeit gelöst werden, bezogen auf die Länge des Inputs, wenn sie in Unärdarstellung kodiert werden. Andere NP-schwere Probleme bleiben selbst dann NP-schwer. Letztere Probleme werden auch NP-schwer im strengen Sinne genannt (analog für NP-vollständige Probleme). NP-schwere Probleme, die nicht im strengen Sinne NP-schwer sind, bezeichnet man als NP-schwer im einfachen Sinne.

3. Der Einmaschinenfall ist ein Spezialfall von den anderen, hier betrachteten Maschineneigenschaften Pm, Fm, Jm und Om. Somit sind alle Probleme, die im Einmaschinenfall NP-schwer sind, auch für Pm, Fm, Jm und Om NP-schwer.

Die Ergebnisse dieses Kapitels bezüglich der Komplexität der einzelnen Ablaufplanungsprobleme sind in Tabelle 4.1 zusammengefasst. Dargestellt sind eine Vielzahl von Problemen der Form $1|\beta|\gamma$, wobei die Werte für β und γ der Tabelle entnommen werden können. Alle Ergebnisse lassen sich aus den Informationen dieses Kapitels sowie aus Korollar 3.31 herleiten. Überprüfen Sie für jedes Problem, wo sich ein entsprechender Hinweis in diesem Kapitel findet, ggf. unter Hinzunahme von Korollar 3.31.

$\gamma\backslash\beta$		Verallgemeinerungen				Spezialfälle	
		r_j	$prec$	s_{jk}	$r_j, pmtn$	$p_j = p$	$d_j = d$
$C_{\max}$	P	P	P	NP-sch.*	P		
$L_{\max}$	P	NP-sch.*	P	NP-sch.*	P		
$\sum C_j$	P	NP-sch.*	NP-sch.*	NP-sch.*	P	alle in P	
$\sum w_j C_j$	P	NP-sch.*	NP-sch.*	NP-sch.*	NP-sch.*		
$\sum U_j$	P	NP-sch.*	NP-sch.*	NP-sch.*	P		
$\sum w_j U_j$	NP-sch.			NP-sch.		P	NP-sch.
$\sum T_j$	NP-sch.	alle NP-sch.*		NP-sch.		P	P
$\sum w_j T_j$	NP-sch.*			NP-sch.*		P	NP-sch.

Tabelle 4.1.: Komplexität der betrachteten Einmaschinenmodelle (mit „NP-sch." werden NP-schwere Probleme im einfachen Sinne bezeichnet und mit * markierte Probleme sind NP-schwer im strengen Sinne)

Natürlich gibt es eine Vielzahl von weiteren Kombinationsmöglichkeiten selbst bei den Einmaschinenmodellen. Für einige ist bisher ungeklärt, ob sie in P liegen oder NP-schwer sind. Das gilt zum Beispiel für $1|p_j = p, r_j| \sum w_j T_j$ oder für $1|p_j = p, r_j, pmtn| \sum w_j C_j$.

5. Modelle mit parallelen Maschinen

Bei den Problemstellungen $Pm||\gamma$ muss jeder Auftrag auf einer beliebigen Maschine von insgesamt m identischen Maschinen ausgeführt werden. Sofern ein Auftrag geteilt wird und auf mehr als einer Maschine ausgeführt wird, was natürlich nur im Fall $pmtn$ erlaubt ist, so können die Teilaufträge jedoch nicht zur gleichen Zeit bearbeitet werden. Es zeigt sich leider, dass die Problemstellung für die Zielfunktion $\gamma = C_{\max}$ selbst bei nur zwei vorhandenen Maschinen schwer ist.

Satz 5.1 ($P2||C_{\max}$)
Das Problem $P2||C_{\max}$ ist NP-schwer.

BEWEIS: Der Beweis wird in Aufgabe 14 durchgeführt. □

Aus dem Satz folgt unmittelbar, dass auch $Pm||C_{\max}$ NP-schwer ist, da $P2||C_{\max}$ ein Spezialfall ist. Auch $P3||C_{\max}$, $P4||C_{\max}$, etc. sind NP-schwer.

Satz 5.2 ($Pm||C_{\max}$)
$Pm||C_{\max}$ ist NP-schwer für jeden Wert $m \geq 2$.

BEWEIS: Das Entscheidungsproblem von $P2||C_{\max}$ (Gibt es einen Ablaufplan mit $C_{\max} \leq \varphi$) lässt sich auf $Pm||C_{\max}$ reduzieren. Zu einer gegebenen Instanz von $P2||C_{\max}$ werden $m-2$ weitere Aufträge mit Bearbeitungszeit φ hinzugefügt. Diese blockieren alle „zusätzlichen" Maschinen und es gilt die ursprünglichen Aufträge auf zwei Maschinen einzuplanen. □

Wir wissen also bereits, dass die Problemstellung $Pm||\gamma$ für fast alle in diesem Buch behandelten Zielfunktionen NP-schwer ist (vergleiche Korollar 3.31). Bevor wir uns den beiden verbleibenden Zielfunktionen $\sum C_j$ und $\sum w_j C_j$ widmen, betrachten wir weiter $Pm||C_{\max}$.

Diese Aufgabenstellung kommt bei vielen Anwendungen vor, sowohl in der reinen Maschinenbelegungsplanung als auch in anderen Fällen, wie zum Beispiel bei der Verteilung von Computerprozessen auf Prozessoren.

Wir haben bereits gesehen, dass in vielen Fällen einfache Prioritätsregeln zu optimalen Ergebnissen führen. Die Sortierung nach kürzester Bearbeitungszeit (SPT-Regel) führt z.B. bei $1||\sum C_j$ (Aufgabe 2) und bei $1|d_j = d|\sum T_j$ (Satz 4.12) zu optimalen Ablaufplänen. Solche Prioritätsregeln lassen sich auch auf NP-schwere Probleme anwenden, führen dabei aber nicht notwendigerweise zu optimalen Ablaufplänen. Wir werden den Begriff „Prioritätsregel" zunächst präzisieren.

Definition 5.3 (Prioritätsregel)
Gegeben sei eine Sortierung der Aufträge eines Ablaufplanungsproblems (nach bestimmten Kriterien, den Prioritäten, oder auch beliebig). Als Prioritätsregel wird der Ablaufplan bezeichnet, bei dem die am nächsten freie Maschine mit dem jeweils nächsten verfügbaren Auftrag der Sortierung belegt wird.

Da die Sortierung der Aufträge bei der Implementierung meist in Listen geschieht, wird für die Anwendung von Prioritätsregeln auch der Begriff „List Scheduling" verwendet. Weitere Beispiele für Prioritätsregeln sind die Lieferterminregel (EDD: earliest due date, Beispiel 1.1), die Sortierung nach gewichteter kürzester Bearbeitungszeit (WSPT: weighted shortest processing time, Beispiel 2.3) oder die Sortierung nach Ankunftszeiten r_j (Satz 4.2).

Die Sortierung muss nicht nach einem bestimmten Parameter erfolgen. So sind auch die Algorithmen 2 und 4 Prioritätsregeln, da sie zunächst die Aufträge sortieren.

Für die Anwendung auf das Problem $Pm||C_{\max}$ erscheint eine weitere Prioritätsregel sinnvoll, nämlich die Sortierung nach längster Bearbeitungszeit (LPT-Regel für longest processing time oder auch LOZ-Regel für längste Operationszeit).

Beispiel 5.4 ($P2||C_{\max}$)
Wir betrachten das Problem $P2||C_{\max}$. Wenn möglichst lange Aufträge zuerst eingeplant werden, kann am Schluss mit den kürzeren Aufträgen recht flexibel eine weitestgehend gleichmäßige Verteilung der Aufträge erreicht werden.

Kapitel 5. Modelle mit parallelen Maschinen

j	1	2	3	4	5	6	7	8
p_j	9	7	6	5	4	3	3	1

Wenden Sie die LPT-Regel auf dieses Beispiel an.
Es ergibt sich folgender Ablaufplan mit $C_{\max} = 20$.

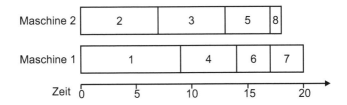

Dass der gefundene Ablaufplan nicht optimal ist, lässt sich leicht erkennen. Bestimmen Sie daher einen optimalen Ablaufplan.
Der folgende Ablaufplan mit $C_{\max} = 19$ ist optimal.

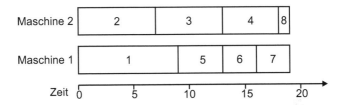

Natürlich müssen auf jeder Maschine nicht gleich viele Aufträge eingeplant werden. Der folgende Ablaufplan ist ebenfalls optimal.

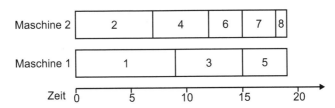

Die LPT-Regel liefert für $Pm||C_{\max}$ also nicht notwendigerweise einen optimalen Ablaufplan (obwohl das in vielen Instanzen der Fall sein wird). Ein Verfahren, das einen zulässigen Ablaufplan liefert, der aber nicht optimal sein muss, wird Heuristik genannt. In manchen Fällen können sehr konkrete Aussagen über die Güte der Heuristik gemacht werden. So kann der Ablaufplan für $Pm||C_{\max}$, der mit der LPT-Regel ermittelt wird, nicht viel schlechter sein als der optimale Ablaufplan. Was „nicht viel" bedeutet, wird im folgenden Satz konkretisiert.

Satz 5.5 ($Pm||C_{\max}$)
Betrachte eine Instanz des Problems $Pm||C_{\max}$. Sei $C^*_{\max}$ die minimale Gesamtbearbeitungszeit und $C^{(LPT)}_{\max}$ die mittels der LPT-Regel ermittelte Gesamtbearbeitungszeit. Dann gilt stets

$$\frac{C^{(LPT)}_{\max}}{C^*_{\max}} \leq \frac{4}{3} - \frac{1}{3m}.$$

Das heißt, dass der Zielfunktionswert des mit der LPT-Regel erzeugten Ablaufplans maximal $\frac{100m-100}{3m}$ Prozent über dem Optimum liegt.

BEWEIS: Siehe Graham (1969). □

Die Qualität (im worst case) der durch die LPT-Regel erzeugten Ablaufpläne nimmt also mit steigender Anzahl an Maschinen tendenziell eher ab.

m	maximale prozentuale Abweichung
2	16,67
3	22,22
4	25,00
5	26,67
6	27,78
⋮	⋮

Wenn jedoch m gegen unendlich strebt, so nähert sich die maximale prozentuale Abweichung 33,33. Ein mit der LPT-Regel generierter Ablaufplan für $Pm||C_{\max}$ wird also maximal ein Drittel länger sein als der optimale Ablaufplan und das auch nur dann, wenn es unendlich viele Maschinen gibt. Ein Algorithmus, der eine derartige maximale Abweichung zum Optimum garantieren kann, wird Approximationsalgorithmus genannt (siehe dazu Jansen und Margraf (2008)).

Die Schranke der LPT-Regel kann nicht verbessert werden, wie im folgenden Beispiel zu sehen ist.

Kapitel 5. Modelle mit parallelen Maschinen

Beispiel 5.6 ($Pm||C_{\max}$)
Sei $m = 2$.

j	1	2	3	4	5
p_j	3	3	2	2	2

Der mittels der LPT-Regel ermittelte Ablaufplan hat eine Gesamtbearbeitungsdauer von 7.

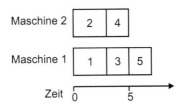

Im optimalen Ablaufplan hingegen gilt $C_{\max} = 6$.

Da $7/6 = 1,16\bar{6}$, liegt die prozentuale Abweichung bei $16,\bar{6}$.
Für $m = 3$ wird folgendes Beispiel genutzt.

j	1	2	3	4	5	6	7
p_j	5	5	4	4	3	3	3

Mit der LPT-Regel wird hier $C_{\max} = 11$ erreicht.

Optimal ist hingegen $C_{\max} = 9$, so dass die LPT-Regel $22,2\overline{2}$ Prozent über dem Optimum liegt.

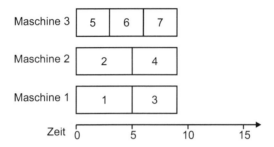

Für beliebiges m kann dieses Beispiel ganz allgemein beschrieben werden, indem $n = 2m + 1$ Aufträge betrachtet werden, die folgende Bearbeitungszeiten haben: $p_1 = p_2 = 2m - 1$, $p_3 = p_4 = 2m - 2$, ..., $p_{n-2} = p_{n-1} = m$ und der letzte Auftrag mit $p_n = m$.

Im Allgemeinen wird die LPT-Regel allerdings viel bessere Ergebnisse als die oben beschriebene Schranke erzielen. Die LPT-Regel liefert oft den optimalen Ablaufplan oder einen fast optimalen Ablaufplan. Das gilt insbesondere dann, wenn es sehr viele Aufträge gibt, von denen keiner extrem lang ist. Wenn wir (ohne Beschränkung der Allgemeinheit) annehmen dass stets Maschine 1 die längste Bearbeitungszeit hat, so kann sogar gezeigt werden, dass bei steigender Anzahl der Aufträge auf Maschine 1 die LPT-Regel sich dem Optimum annähert.

Dass die Anwendung von Prioritätsregeln aber auch zu unerwarteten Verhalten führen kann, wurde bereits vor etwa 50 Jahren festgestellt (Graham (1966)). Um dies zu veranschaulichen betrachten wir die Problemstellung $Pm|prec|C_{\max}$. Da dieses Problem eine Verallgemeinerung eines NP-schweren Problems ist, ist es ebenfalls NP-schwer. Die Gesamtbearbeitungsdauer kann sich verlängern, wenn

- eine andere Prioritätsregel verwendet wird, (zu erwartendes Verhalten)
- die Reihenfolgebeziehungen abgeschwächt werden,
- eine Maschine hinzugefügt wird,
- die Bearbeitungsdauern sinken.

Kapitel 5. Modelle mit parallelen Maschinen

Beispiel 5.7 (siehe Błażewicz et al. (2007), Seite 149)
Es gebe acht Aufträge mit den Vorrangbeziehungen $1 \to 7$, $1 \to 8$, $3 \to 4$, $3 \to 5$, $3 \to 6$ und folgenden Bearbeitungszeiten.

j	1	2	3	4	5	6	7	8
p_j	3	4	2	4	4	2	13	2

Unter der Annahme, dass die Prioritäten genau dem Index eines Auftrages entsprechen (die Aufträge also in Reihenfolge 1,2,...,8 eingeplant werden), ergibt sich folgender, optimaler Ablaufplan mit $C_{\max} = 17$.

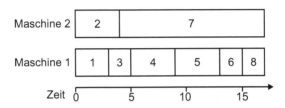

Es ist zu beachten, dass nachdem die ersten drei Aufträge eingeplant wurden, zunächst Auftrag 7 eingeplant wird, da Aufträge 4, 5 und 6 noch nicht für die Maschine 2 zur Verfügung stehen.

Es ist natürlich zu erwarten, dass sich die Gesamtbearbeitungszeit verlängern kann, wenn eine andere Prioritätsliste angewendet wird. Beispielhaft wird dies für die Reihenfolge (1,2,3,4,5,6,8,7) in der nächsten Abbildung dargestellt.

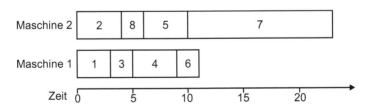

Überraschend ist schon der Umstand, dass ein Aufweichen der Vorrangbeziehungen den Ablaufplan verschlechtern kann. Nehmen wir an, es gäbe die Vorrangbeziehung $3 \to 4$ nicht. Dann würde die Prioritätsregel folgenden Ablaufplan liefern.

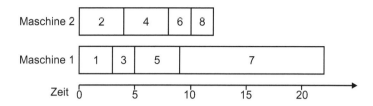

Auch das Hinzufügen einer weiteren Maschine kann den Ablaufplan verlängern. Bei drei Maschinen liefert die Prioritätsregel diesen Ablaufplan.

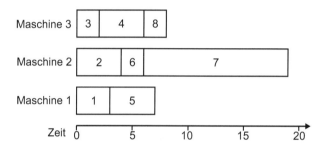

Sie werden leicht feststellen können, dass bei drei Maschinen der optimale Ablaufplan eine Gesamtbearbeitungszeit von 16 liefert.

Nehmen wir abschließend an, dass sich die Bearbeitungszeiten jedes Auftrags um eine Einheit verringern. Gehen wir jetzt also von folgenden Zeiten aus.

j	1	2	3	4	5	6	7	8
p_j	2	3	1	3	3	1	12	1

In diesem Fall verlängert sich die Gesamtbearbeitungszeit bei Anwendung der Prioritätsregel ebenfalls, obwohl sich die Zielfunktion im Optimum auf 14 verringern ließe.

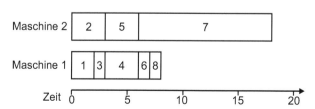

Kapitel 5. Modelle mit parallelen Maschinen

Viele Verfahren für Ablaufplanungsprobleme nutzen den Umstand aus, dass sich häufig bereits Aussagen über den optimalen Zielfunktionswert treffen lassen, ohne dass ein konkreter Ablaufplan präsentiert wird. Eine derartige Aussage ist z.b. beim (trivialen) Problem $1||C_{\max}$ gegeben, wo der Zielfunktionswert auf jeden Fall den Wert $\sum_{j=1}^{n} p_j$ annimmt. Wir werden jetzt das Problem $Pm|pmtn|C_{\max}$ betrachten, für das sich auch eine entsprechende Aussage machen lässt, die dazu genutzt werden kann, die Optimalität eines Verfahrens zu zeigen.

Satz 5.8 ($Pm|pmtn|C_{\max}$)
Sei $C_{\max}$ die Gesamtbearbeitungszeit eines beliebigen Ablaufplans für das Ablaufplanungsproblem $Pm|pmtn|C_{\max}$. O.b.d.A. sei der erste Auftrag derjenige mit der längsten Bearbeitungszeit. Dann gilt

$$C_{\max} \geq \max\left\{p_1, \sum_{j=1}^{n} \frac{p_j}{m}\right\}.$$

BEWEIS: Es muss gezeigt werden, dass stets $C_{\max} \geq p_1$ UND $C_{\max} \geq \sum_{j=1}^{n} \frac{p_j}{m}$ gilt. Der erste Fall ist offensichtlich und im zweiten Fall leicht durch einen Widerspruchsbeweis zu erzielen, der als Selbststudienaufgabe erbracht werden kann. □

Der folgende Algorithmus liefert stets einen Ablaufplan, in dem $C_{\max} = \max\left\{p_1, \sum_{j=1}^{n} \frac{p_j}{m}\right\}$ gilt. Entsprechend ist das Verfahren optimal.

Algorithmus 6 ($Pm|pmtn|C_{\max}$):

1. **Initialisierung:** Sei $C_{\max}^* = \max\left\{p_1, \sum_{j=1}^{n} \frac{p_j}{m}\right\}$ der zu erzielende Zielfunktionswert. Plane sukzessive sämtliche Aufträge (in beliebiger Reihenfolge) auf der ersten Maschine ein. Die Bearbeitungsdauer auf Maschine 1 ist dann kleiner oder gleich $m \cdot C_{\max}^*$.

2. **Zerstückeln:** Schneide diesen Ablaufplan auf der Maschine in m Teile, die alle (ggf. außer dem letzten) die Länge $C_{\max}^*$ haben.

3. **Aufteilung:** Ordne den ersten Teil Maschine 1 zu, den zweiten Teil Maschine 2, usw.

Das Aufteilen der Aufträge ist dank der Unterbrechung (preemption) erlaubt. Es kann auch nicht vorkommen, dass ein Auftrag zeitgleich auf zwei Maschinen ausgeführt wird. Ein Auftrag kann sich in maximal zwei unterschiedlichen Stückelungen befinden (ergibt sich aus der Definition von $C^*_{\max}$). In einem Teil wird der Auftrag dann am Anfang, im anderen Teil am Ende ausgeführt.

Zum Abschluss des Kapitels betrachten wir noch die beiden verbleibenden Zielfunktionen für die wir noch keine Komplexitätsaussage für das Problem $Pm||\gamma$ getroffen haben. Bei der Zielfunktion $\sum C_j$ lässt sich wieder eine Prioritätsregel anwenden, die einen optimalen Zielfunktionswert liefert.

Satz 5.9 ($Pm||\sum C_j$)
Die Anwendung der SPT-Regel auf das Problem $Pm||\sum C_j$ liefert stets einen optimalen Ablaufplan. Das Problem liegt somit in P.

BEWEIS: Statt eines formalen Beweises sei kurz die Beweisidee skizziert. In einem optimalen Ablaufplan müssen die Aufträge auf jeder einzelnen Maschine offensichtlich nach der SPT-Regel sortiert sein. Der längste aller Aufträge ist also auf seiner Maschine der letzte. Wir können annehmen (o.B.d.A), dass er am spätesten beginnt (einfaches Austauschargument mit einem potentiell später beginnenden Auftrag).

Ausgehend von der Annahme, dass ein Ablaufplan mit n nach SPT-Regel eingeplanten Aufträgen optimal ist, kann nun gezeigt werden, dass ein optimaler Ablaufplan mit diesen n und einem weiteren Auftrag, der von allen die längste Bearbeitungszeit hat, nach SPT-Regel sortiert ist. Der Beweis erfolgt dann mit Hilfe der vollständigen Induktion. □

Da sich das Problem $Pm||\sum C_j$ genau wie $1||\sum C_j$ durch Sortierung nach Bearbeitungszeiten optimal lösen lässt, und $1||\sum w_j C_j$ sich optimal durch Sortierung nach gewichteten Bearbeitungszeiten lösen lässt, könnte man annehmen, dass sich $Pm||\sum w_j C_j$ durch Sortierung nach gewichteten Bearbeitungszeiten (WSPT-Regel) ebenfalls optimal lösen lässt. Das ist aber leider nicht der Fall.

Beispiel 5.10 ($P2||\sum w_j C_j$)
Betrachte das Problem $P2||\sum w_j C_j$ mit folgenden Bearbeitungszeiten und Gewichten.

j	1	2	3
p_j	2	2	5
w_j	1	1	2

Kapitel 5. Modelle mit parallelen Maschinen 61

Laut WSPT-Regel beginnen Aufträge 1 und 2 zum Zeitpunkt 0 auf Maschine 1 bzw. 2. Auftrag 3 beginnt zum Zeitpunkt 2. Der Zielfunktionswert ist dann $2 \cdot 1 + 2 \cdot 1 + 7 \cdot 2 = 18$.

Optimal ist hingegen, wenn Aufträge 1 und 2 auf Maschine 1 ausgeführt werden und Auftrag 3 auf Maschine 2. Dann ergibt sich ein Zielfunktionswert von $2 \cdot 1 + 4 \cdot 1 + 5 \cdot 2 = 16$.

Es ist nun leider nicht nur so, dass WSPT keinen optimalen Ablaufplan liefert, es handelt sich sogar um ein schweres Problem.

Satz 5.11 ($Pm || \sum w_j C_j$)
$Pm || \sum w_j C_j$ ist NP-schwer.

BEWEIS: Siehe Bruno et al. (1974). □

Auch wenn WSPT für $Pm || \sum w_j C_j$ keine Optimalität garantiert, so handelt es sich dabei um eine sehr gute Heuristik, die oft einen optimalen Ablaufplan findet und auch nie viel schlechter ist als das Optimum.

Satz 5.12 ($Pm || \sum w_j C_j$)
Betrachte eine Instanz des Problems $Pm || \sum w_j C_j$. Sei f^* der optimale Zielfunktionswert und f^{WSPT} der mittels der WSPT-Regel ermittele Zielfunktionswert. Dann gilt stets

$$\frac{f^{WSPT}}{f^*} < \frac{1}{2}\left(1 + \sqrt{2}\right).$$

Der von der WSPT-Regel erzeugte Zielfunktionswert liegt somit weniger als $50(\sqrt{2} - 1) \approx 20{,}71$ Prozent über dem Optimum.

BEWEIS: Siehe dazu den Aufsatz von Kawaguchi und Kyan (1986) oder von Schwiegelshohn (2011). □

Zum Abschluss des Kapitels sei noch darauf hingewiesen, dass bereits viele Ablaufplanungsprobleme mit parallelen Maschinen untersucht wurden, bei denen – anders als hier – nicht von identischen Maschinen ausgegangen wird. In dem Zusammenhang seien zwei weitere Maschinenumgebungen zumindest erwähnt.

Rm Jeder Auftrag muss auf einer von m verwandten Maschinen ausgeführt werden, die sich nur durch eine maschinenspezifische Geschwindigkeit s_i, $i = 1, \ldots, m$ unterscheiden. Die Bearbeitungszeit eines Auftrags j auf Maschine i beträgt dann $\frac{p_j}{s_i}$ Zeiteinheiten. Pm stellt also den Spezialfall dar, in dem stets $s_i = 1$ gilt.

Qm Hierbei muss jeder Auftrag ebenfalls auf einer von m Maschinen ausgeführt werden, die sich bezüglich der Bearbeitungszeiten allerdings völlig unterscheiden können. Daher ist für jede Auftrag-Maschinenkombination eine eigene Bearbeitungszeit p_{ij} gegeben. Anders als im vorherigen Fall kann es also sogar sein, dass ein Auftrag j auf einer Maschine länger bearbeitet wird als ein zweiter Auftrag k, während auf einer anderen Maschine die Bearbeitungszeit von k länger ist.

6. Flow Shops

Im Gegensatz zu den parallelen Maschinenmodellen gehen wir nun davon aus, dass jeder Auftrag auf jeder Maschine ausgeführt werden muss. Die Maschinen sind also unterschiedlich in ihren Aufgaben der Produktherstellung. Tritt der Fall ein, dass einzelne Aufträge bestimmte Maschinen nicht besuchen brauchen, so lässt sich dies mit einer Bearbeitungszeit der Länge 0 modellieren. Wir machen zwei Annahmen, die in der Praxis und der tiefer gehenden wissenschaftlichen Literatur nicht immer gelten. So muss jeder Auftrag eine Maschine genau einmal besuchen (und nicht häufiger) und an den Maschinen ist eine hinreichend große Lagerfläche, so dass beliebig viele Aufträge an den Maschinen „warten" können.

Für Shop-Ablaufplanungsprobleme (Flow Shop, Job Shop, Open Shop) ist insbesondere die Minimierung der Gesamtbearbeitungszeit ($C_{\max}$) von großer Relevanz, so dass wir uns darauf beschränken werden. Nach wie vor kann jede Maschine gleichzeitig nur einen Auftrag bearbeiten und ein Auftrag kann ebenfalls nicht auf mehr als nur einer Maschine zur gleichen Zeit in Bearbeitung sein. Wir betrachten nur die Situation, in der die Bearbeitung eines Auftrags auf einer Maschine nicht unterbrochen und später fortgesetzt werden kann. Der Fall *pmtn* wird also hier außen vor gelassen.

Bei den in diesem Kapitel betrachteten Flow Shops (Fließfertigung) gilt die Annahme, dass die Aufträge die Maschinen in einer bestimmten Reihenfolge durchlaufen müssen und diese Reihenfolge für alle Aufträge gleich ist. Wir gehen (o.B.d.A.) davon aus, dass die Maschinen derart nummeriert sind, dass alle Aufträge zuerst Maschine 1 besuchen müssen, dann Maschine 2, usw.

Im Verlauf werden wir auch kurz auf die beiden Sonderfälle eingehen, bei denen die Bearbeitungsreihenfolge der Aufträge auf jeder Maschine gleich ist ($\beta = prmu$) und bei denen der Übergang von einer Maschine zur nächsten ohne zeitliche Verzögerung geschehen muss ($\beta = nwt$).

Wenn wir die Zielfunktion $C_{\max}$ betrachten, ist die Bedingung, dass die Bearbeitungsreihenfolge der Aufträge auf jeder Maschine gleich ist, erst ab vier Maschinen eine Einschränkung.

Satz 6.1 ($F2||C_{\max}$)
Ein optimaler Ablaufplan für eine Instanz des Problems $F2|prmu|C_{\max}$ (bzw. des Problems $F3|prmu|C_{\max}$) ist auch ein optimaler Ablaufplan für $F2||C_{\max}$ (bzw. für $F3||C_{\max}$).

BEWEIS: Wir werden zeigen, dass die Reihenfolge der Aufträge auf den ersten beiden Maschinen und den letzten beiden Maschinen des allgemeinen Problems $Fm||C_{\max}$ ohne Beschränkung der Allgemeinheit als gleich angenommen werden können. Damit ist dann die Aussage des Satzes bewiesen.

Betrachten wir also $Fm||C_{\max}$. Angenommen, die Reihenfolge der Aufträge auf den ersten beiden Maschinen sei verschieden. Dann muss es zwei Aufträge j und k geben, deren Reihenfolge auf den beiden Maschinen vertauscht ist und die auf Maschine 1 direkt aufeinander folgen. Die beiden Aufträge können dann aber auf Maschine 1 vertauscht werden, ohne dass dies Einfluss auf die Startzeitpunkte der Aufträge auf Maschine 2 (und allen weiteren Maschinen) hätte. Durch sukzessives Vertauschen zweier Aufträge lässt sich also ein Ablaufplan mit gleichem Zielfunktionswert erstellen, bei dem die Reihenfolge der Aufträge auf den ersten beiden Maschinen gleich ist.

Mit dem selben Austauschargument lässt sich analog zeigen, dass die letzten beiden Maschinen die Aufträge in gleicher Reihenfolge bearbeiten. □

Sobald allerdings vier Maschinen betrachtet werden, kann es passieren, dass das „Überholen" eines Auftrags sinnvoll ist.

Beispiel 6.2 ($F4||C_{\max}$)
Wir betrachten die folgende Instanz von $F4|prmu|C_{\max}$ bzw. $F4||C_{\max}$. Die Werte p_{ij} geben die Bearbeitungszeiten von Auftrag $j, j = 1, 2$, auf Maschine $i, i = 1, 2, 3, 4$, an.

j	1	2
p_{1j}	4	1
p_{2j}	1	4
p_{3j}	1	4
p_{4j}	4	1

Kapitel 6. Flow Shops

Für $F4|prmu|C_{\max}$ gibt es insgesamt nur zwei unterschiedliche Ablaufpläne, die beide den Zielfunktionswert 14 haben.

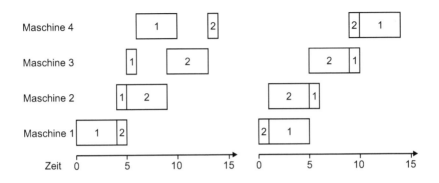

Der optimale Ablaufplan für $F4||C_{\max}$ hat allerdings eine Gesamtbearbeitungsdauer von 12.

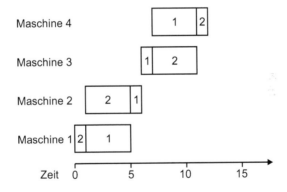

Obwohl Flow Shop-Probleme, ähnlich wie Modelle mit parallelen Maschinen, meist schwer lösbar sind, ist das Zweimaschinenproblem $F2||C_{\max}$ in polynomieller Laufzeit exakt lösbar. Dazu wird die sogenannte „Johnson-Regel", eine Prioritätsregel basierend auf der SPT- und der LPT-Regel, angewendet. Beachte, dass nur eine Permutation der Aufträge benötigt wird, da nur zwei Maschinen vorkommen.

Algorithmus 7 (Johnsons Algorithmus):

1. **Initialisierung:** Sei J die Menge sämtlicher Aufträge und $J_1 := \{j \in J | p_{1j} < p_{2j}\}$ die Menge der Aufträge, deren Bearbeitungszeit auf Maschine 1 kürzer ist als auf Maschine 2.

2. **Festsetzung der Reihenfolge:** Plane zunächst alle Aufträge aus J_1 gemäß der SPT-Regel bezüglich p_{1j} ein. Plane anschließend die restlichen Aufträge gemäß der LPT-Regel bezüglich p_{2j} ein.

Satz 6.3
Johnsons Algorithmus liefert einen optimalen Ablaufplan für $F2||C_{\max}$.

BEWEIS: Siehe Johnson (1954). □

Leider ist dies eines der sehr wenigen Flow Shops, für die nachgewiesen werden konnte, dass sie in P liegen. Hingegen sind die Ablaufplanungsprobleme $Fm||C_{\max}$ für $m \geq 3$ alle NP-schwer im strengen Sinne. Erneut erfolgt der Beweis, der erstmals von Garey et al. (1976) aufgestellt wurde, mittels der Reduktion von 3-Partition.

Satz 6.4 ($F3||C_{\max}$)
Das Ablaufplanungsproblem $F3||C_{\max}$ ist NP-schwer.

BEWEIS: Wir zeigen, dass sich 3-Partition (siehe den Beweis zu Satz 4.9) auf das Entscheidungsproblem von $F3||C_{\max}$ reduzieren lässt. Hier noch einmal die Beschreibung des Problems 3-Partition.

INSTANZ: Gegeben eine Menge A mit genau $3u, u \in \mathbb{N}$ Elementen und für jedes Element $a \in A$ die „Größe" dieses Elements $p_a \in \mathbb{N}$, wobei $\frac{B}{4} < p_a < \frac{B}{3}$ gilt und $B := \frac{\sum_{a \in A} p_a}{u}$ eine ganze Zahl ist.
FRAGE: Kann die Menge A in u Mengen $S_1, \ldots, S_u$ aufgeteilt werden, so dass $\sum_{a \in S_i} p_a = B$ für alle $i \in \{1, \ldots, u\}$ gilt?

Aus einer Instanz von 3-Partition lässt sich die folgende Instanz von $F3||C_{\max}$ bilden. Es gebe $n = 4u+1$ Aufträge. Die letzten $u+1$ Aufträge sind wieder „Blocker". Der erste Blocker (also Auftrag $3u + 1$) hat die Bearbeitungszeiten $p_{1(3u+1)} = 0$, $p_{2(3u+1)} = B$ und $p_{3(3u+1)} = 2B$. Der letzte Blocker (also Auftrag $4u+1$) hat die Bearbeitungszeiten $p_{1(4u+1)} = 2B$, $p_{2(4u+1)} = B$ und $p_{3(4u+1)} = 0$. Die übrigen Blocker haben auf der ersten und dritten Maschine eine Bearbeitungszeit von $2B$ und auf der zweiten Maschine eine Bearbeitungszeit von B.

Kapitel 6. Flow Shops

Wenn wir zunächst alle anderen Aufträge außen vor lassen und nur die Blocker betrachten, so lassen sich diese bis zum Zeitpunkt $(2u+1)B$ durchführen, wenn sie wie folgt angeordnet sind (abgesehen vom ersten und letzten Blocker ist die Reihenfolge beliebig, sei hier aber der Einfachheit halber als aufsteigend angenommen).

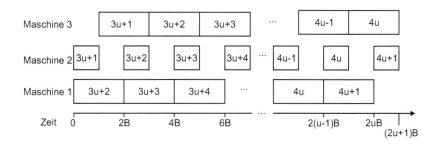

Auf Maschine 2 gibt es also genau u Abschnitte, in denen die Maschine nicht belegt ist. Jeder dieser Abschnitte hat die Länge B.

Die restlichen $3u$ Aufträge haben nun folgende Bearbeitungszeiten: $p_{1a} = 0$, $p_{2a} = p_a$, $p_{3a} = 0$ für alle $a \in \{1, \ldots u\}$. Diese Aufträge können genau dann in den bestehenden Ablaufplan integriert werden, wenn sie in die freien Abschnitte auf Maschine 2 integriert werden können. Die Instanz von $F3||C_{\max}$ hat also genau dann einen Ablaufplan mit $C_{\max} = (2u+1)B$ wenn die zugehörige Instanz von 3-Partition eine Ja-Instanz ist. □

Für Flow Shops mit mehr als zwei Maschinen lässt sich die Johnson-Regel erweitern, sie liefert dann aber im Allgemeinen keinen optimalen Ablaufplan mehr. Eine derartige Heuristik wurde von Gonzalez und Sahni (1978) vorgestellt.

Algorithmus 8 (Verfahren von Gonzalez und Sahni):

Festlegung der Sequenz der einzelnen Maschinen: Bestimme die Reihenfolge der Aufträge auf den einzelnen Maschinen wie folgt: Wende Johnsons Algorithmus auf die ersten beiden Maschinen an, anschließend auf Maschine 3 und 4, Maschine 5 und 6, usw. Falls m ungerade ist, wähle für die letzte Maschine eine beliebige Reihenfolge der Aufträge.

Ablaufplan: Plane alle Aufträge gemäß den in 1 bestimmten Sequenzen so früh wie möglich ein.

Beispiel 6.5
Wir betrachten die gleichen Werte wie in Beispiel 6.2. Bei dem Verfahren von Gonzalez und Sahni werden zunächst nur die ersten beiden Maschinen betrachtet. Dort wird, laut Johnsons Regel Auftrag 2 vor Auftrag 1 durchgeführt. Anschließend werden Maschinen 3 und 4 betrachtet. Laut Johnsons Regel wird hier Auftrag 1 vor Auftrag 2 durchgeführt. Es ergibt sich also der in Beispiel 6.2 dargestellte optimale Ablaufplan für $F4||C_{\max}$.

Satz 6.6 ($Fm||C_{\max}$)
Betrachte eine Instanz des Problems $Fm||C_{\max}$. Sei $C^*_{\max}$ die minimale Gesamtbearbeitungszeit und $C^{(GS)}_{\max}$ die mittels des Verfahrens von Gonzalez und Sahni ermittelte Gesamtbearbeitungszeit. Dann gilt stets

$$\frac{C^{(GS)}_{\max}}{C^*_{\max}} \leq \lceil m/2 \rceil.$$

Das heißt, dass das Verfahren von Gonzalez und Sahni einen Ablaufplan liefert, dessen Zielfunktionswert maximal $100\lceil m/2 \rceil - 100$ Prozent über dem Optimum liegt.

BEWEIS: Siehe Gonzalez und Sahni (1978). □

Die Idee des Verfahrens von Gonzalez und Sahni ist es also, ein Multimaschinenmodell derart zu lösen, dass jeweils nur zwei Maschinen betrachtet werden. Obwohl die Schranke in Satz 6.6 nicht sehr stark ist (z.B. kann bei $m = 9$ der gefundene Ablaufplan 5 mal länger sein als der optimale) wird diese Heuristik insbesondere dann sehr gute Ergebnisse liefern, wenn sich die Maschinen bezüglich ihrer Bearbeitungszeit ähneln.

Diese Idee, ein Multimaschinenmodell durch sukzessives Lösen eines (einfachen) Zweimaschinenmodells zu lösen, kann auch auf viele weitere Ablaufplanungsprobleme übertragen werden.

Die Probleme $F3|prmu|C_{\max}$ und $F3|nwt|C_{\max}$ sind auch NP-schwer. Das Verfahren von Gonzalez und Sahni lässt sich nicht auf diese beiden Probleme anwenden, da sich die Sequenz der Aufträge auf unterschiedlichen Maschinen nicht unterscheiden darf. Ein Ablaufplan für

Kapitel 6. Flow Shops

$Fm|prmu|C_{\max}$, der ja durch eine einfache Sequenz der Aufträge dargestellt werden kann, lässt sich leicht zu einem (womöglich nicht optimalen) Ablaufplan für $Fm|nwt|C_{\max}$ erweitern. Ist eine Sequenz gegeben und muss die *no-wait*-Bedingung eingehalten werden, so wird zunächst der erste einzuplanende Auftrag auf allen Maschinen frühestmöglich eingeplant. Der zweite Auftrag wird als nächstes auf allen Maschinen eingeplant, und zwar so früh wie möglich, ohne dass die *no-wait*-Bedingung verletzt wird.

Das folgende Verfahren findet eine Sequenz der Aufträge und kann somit auch zur Lösung von $Fm|prmu|C_{\max}$ und $Fm|nwt|C_{\max}$ genutzt werden.

Algorithmus 9 (Verfahren von Röck und Schmidt):

1. **Zusammenfassung:** Betrachte ein Hilfsproblem mit zwei Maschinen und den gleichen Aufträgen wie im Originalproblem. Die Bearbeitungszeit a_j eines Auftrags j auf der imaginären ersten Maschine sei $a_j = \sum_{i=1}^{\lceil m/2 \rceil} p_{ij}$ (die Summe der Bearbeitungszeiten des Auftrags auf der ersten Hälfte aller Maschinen). Die Bearbeitungszeit b_j auf der imaginären zweiten Maschine entspricht der restlichen Bearbeitungszeit: $b_j = \sum_{i=1}^{m} p_{ij} - a_j$.

2. **Lösung Hilfsproblem:** Löse das Hilfsproblem mit Johnsons Algorithmus.

3. **Sequenz:** Plane alle Aufträge gemäß der in Schritt 2 ermittelten Sequenz ein.

Wenden Sie den Algorithmus von Röck und Schmidt auf folgende Instanz an.

j	1	2
p_{1j}	4	1
p_{2j}	2	3
p_{3j}	1	4
p_{4j}	4	1

Im Hilfsproblem werden jeweils zwei Maschinen zu einer zusammengefasst und die Bearbeitungszeiten addiert.

j	1	2
a_j	6	4
b_j	5	5

Laut Johnsons Regel kommt nur Auftrag 2 in die Menge J_1 und wird daher vor Auftrag 1 ausgeführt. Je nachdem ob das Problem $F4|prmu|C_{\max}$ oder das Problem $F4|nwt|C_{\max}$ betrachtet wird, ergeben sich die folgenden Ablaufpläne, die beide die Länge 13 haben.

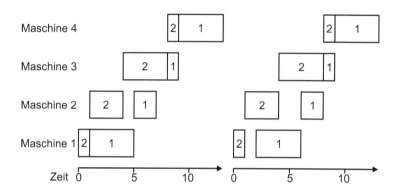

Satz 6.7 ($Fm||C_{\max}$)
Gegeben sei eine Instanz des Ablaufplanungsproblems $Fm||C_{\max}$ ODER eine Instanz des Problems $Fm|prmu|C_{\max}$ ODER eine Instanz des Problems $Fm|nwt|C_{\max}$. Sei $C^*_{\max}$ die minimale Gesamtbearbeitungszeit und $C^{(RS)}_{\max}$ die bei Anwendung des Verfahrens von Röck und Schmidt ermittelte Gesamtbearbeitungszeit. Dann gilt stets

$$\frac{C^{(RS)}_{\max}}{C^*_{\max}} \leq \lceil m/2 \rceil.$$

Das heißt, dass das Verfahren von Röck und Schmidt einen Ablaufplan liefert, dessen Zielfunktionswert maximal $100\lceil m/2 \rceil - 100$ Prozent über dem Optimum liegt.

BEWEIS: Siehe Röck und Schmidt (1983). □

7. Job Shops

In einem Job Shop gelten bis auf einen Unterschied die gleichen Voraussetzungen, wie in einem Flow Shop. Jeder Auftrag hat eine individuelle, fest vorgegebene Reihenfolge in der er die Maschinen durchlaufen muss. Zwei Aufträge können somit unterschiedliche Reihenfolgen haben. Ein Flow Shop ist also ein spezieller Job Shop bei dem die Reihenfolge der zu durchlaufenden Maschinen für alle Aufträge identisch ist. Daher gilt, dass wenn ein Flow Shop Problem $Fm|\beta|\gamma$ NP-schwer ist, auch das zugehörige Job Shop Problem $Jm|\beta|\gamma$ NP-schwer ist. Insbesondere ist also $Jm||C_{\max}$ für $m \geq 3$ NP-schwer. Während $F2||C_{\max}$ noch polynomiell lösbar ist, gilt dies für $J2||C_{\max}$ nicht.

Satz 7.1 ($J2||C_{\max}$)
Das Problem $J2||C_{\max}$ ist NP-vollständig.

BEWEIS: Siehe Lenstra und Rinnooy Kan (1979). □

Es sei angemerkt, dass ein Job Shop in der Praxis meist als Fließfertigung in Form eines Flow Shops zu finden ist. Anwendungen für die übrigen Probleme sind eher selten und werden wieder meist im Zusammenhang mit dem Ziel $C_{\max}$ genannt, auf das wir uns in diesem Kapitel beschränken werden. Dass es aber durchaus auch Anwendungen für Job Shops gibt, die keine Flow Shops sind, werden wir in Kapitel 9.1 sehen.

7.1. Das Verfahren von Akers

Nur für sehr wenige (nicht-trivale) Job Shops sind exakte Verfahren mit polynomieller Laufzeit bekannt. Eines dieser Probleme, nämlich den Spezialfall eines Job Shops mit nur zwei Aufträgen aber beliebiger Anzahl an Maschinen, werden wir im Folgenden betrachten. Für dieses Problem $Jm|n = 2|C_{\max}$ gibt es einen sehr eleganten graphischen Lösungsansatz von Akers (1956). Statt einer formalen Beschreibung des zugehörigen Algorithmus beschränken wir uns auf die intuitive Idee dieses Ansatzes.

Das Verfahren nutzt den Umstand aus, dass die Reihenfolge der Maschinen für jeden Auftrag bekannt ist. So kann man aus der Information, dass ein Auftrag bereits t Zeiteinheiten bearbeitet wurde (ohne Wartezeiten) unmittelbar schließen, auf welcher Maschine sich der Auftrag im Moment befindet.

Nehmen wir (o.B.d.A.) an, dass Auftrag 1 die Maschinen in der Reihenfolge $(1, 2, \ldots, m)$ durchlaufen muss. Die ersten p_{11} Zeiteinheiten (ohne die Berücksichtigung potentieller Wartezeiten) wird Auftrag 1 also auf Maschine 1 bearbeitet, die nächsten p_{21} Zeiteinheiten auf Maschine 2, usw. Nach insgesamt $\sum p_{i1}$ Zeiteinheiten (plus potentielle Wartezeiten) ist der Auftrag fertiggestellt, siehe die folgende Abbildung.

Auftrag 2 wird (sofern es sich nicht um einen Flow Shop handelt) in einer anderen Reihenfolge die Maschinen durchlaufen als Auftrag 1. Diese Reihenfolge sei durch eine Permutation σ dargestellt. D.h. $\sigma(i)$ bezeichnet die Maschine, die Auftrag 2 an i-ter Stelle besucht. Analog zu Auftrag 1 können wir ebenfalls die Bearbeitungszeiten graphisch darstellen, nutzen diesmal allerdings die Ordinate.

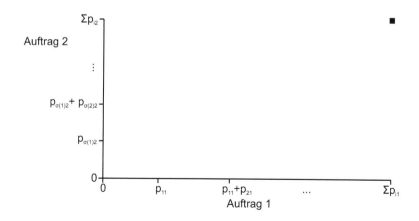

7.1. Das Verfahren von Akers

Der schwarze Punkt in der Zeichnung stellt den Zeitpunkt dar, an dem beide Aufträge vollständig bearbeitet sind. Jeder andere Punkt in dieser Zeichnung gibt ebenfalls einen aktuellen Status an, wie weit die beiden Aufträge bereits bearbeitet wurden. Allerdings sind manche Punkte nicht erreichbar, da die beiden Aufträge nicht zeitgleich auf der selben Maschine bearbeitet werden können. Jeder Punkt, dessen Projektionen auf die Abszisse und die Ordinate zur gleichen Maschine führen, ist tabu und wird in der Zeichnung entsprechend markiert.

Es gilt nun auf dem kürzesten Weg vom Ursprung den Zielpunkt rechts oben zu erreichen ohne dabei die gekennzeichneten Flächen, die eine zeitgleiche Nutzung einer Maschine von beiden Aufträgen darstellen, zu durchlaufen. „Kürzester Weg" ist dabei so zu verstehen, dass wir (beginnend beim Ursprung) Schritte nach rechts, nach oben oder diagonal nach rechts oben durchführen können und die Anzahl der Schritte zu minimieren ist (ein diagonaler Schritt zählt also genauso viel wie ein vertikaler oder horizontaler). Jeder Schritt entspricht genau einer Zeiteinheit. Ein Schritt nach rechts (nach oben) stellt die Bearbeitung von Auftrag 1 (Auftrag 2) dar und ein diagonaler Schritt steht für die zeitgleiche Bearbeitung von Auftrag 1 und 2. Ein derartiger kürzester Weg kann in polynomieller Zeit gefunden werden. Wir verzichten in diesem Buch auf eine explizite Darstellung (siehe dazu z.B. Domschke (2007)) und bestimmen die kürzesten Wege in der Zeichnung „von Hand".

Wir veranschaulichen das Verfahren beispielhaft an einem Flow Shop mit sechs Maschinen und folgenden Zahlenwerten.

j	1	2
p_{1j}	4	1
p_{2j}	1	4
p_{3j}	1	4
p_{4j}	4	1
p_{5j}	4	1
p_{6j}	1	4

Die gesamte Bearbeitungszeit beträgt bei beiden Aufträgen jeweils 15 Zeiteinheiten, so dass sowohl die Abszisse als auch die Ordinate von 0 bis 15 laufen. Für jede Maschine wird nun in dem Graphen eine „Sperrfläche" eingezeichnet, die nicht erreichbare Punkte darstellt:

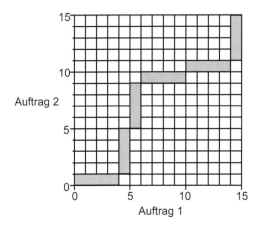

Die im Ursprung beginnende Sperrfläche stellt den Konflikt um Maschine 1 dar. Die Sperrfläche um die Punkte $(4,1)$ und $(5,5)$ stellt unerreichbare Punkte auf Grund von Maschine 2 dar, usw. In dieser Graphik gilt es nun einen Weg von dem Ursprung zum Punkt $(15,15)$ zu finden, der die eingezeichneten Flächen nicht durchläuft und der möglichst kurz ist (in Bezug auf die Anzahl von Schritten, die nach rechts, oben oder rechts-oben führen können). Der kürzeste Weg ist in diesem Fall der folgende.

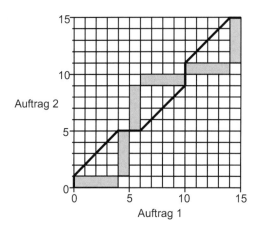

In dem optimalen Ablaufplan werden daher auf Maschinen 1, 2, 5 und 6 zuerst Auftrag 2 ausgeführt. Auf Maschinen 3 und 4 wird zuerst Auftrag

1 ausgeführt. Der Zielfunktionswert, der genau der Anzahl an Schritten des gefundenen Weges entspricht, beträgt 18.

7.2. Das Verfahren von Giffler und Thompson

Im Gegensatz zu den bisherigen Modellen (eine Maschine, parallele Maschinen, Flow Shops) ist bei den Job Shops das Anwenden von Prioritätsregeln nicht mehr ohne Weiteres möglich. Eine Priorisierung „Führe Auftrag j auf jeder Maschine vor Auftrag k aus" hat zwar im Flow Shop noch Sinn, würde im Job Shop den Ablauf deutlich und zudem unnötig verzögern.

Ein Verfahren, dass die Anwendung von Prioritätsregeln für Job Shops erlaubt, wurde von Giffler und Thompson (1960) vorgestellt. In diesem Zusammenhang verwenden wir den Begriff „Aufgabe". Die Ausführung eines Auftrags auf einer Maschine bezeichnen wir als Aufgabe, so dass jeder Auftrag aus genau m Aufgaben (im Englischen „task") besteht. Des Weiteren benutzen wir die Variable r_{ij} als den frühesten Zeitpunkt, zu dem Auftrag j auf Maschine i auf Grund der vorherigen Aufgaben des Auftrags ausgeführt werden kann. Wenn $(i_1, \ldots, i_m)$ die geforderte Maschinenreihenfolge von Auftrag j angibt, gilt somit $r_{i_v j} = C_{i_{v-1} j}$ für alle $v = 2, \ldots, m$. Zur einfacheren Darstellung des Algorithmus legen wir dabei fest, dass $r_{ij} = \infty$ gesetzt wird, sofern der Fertigstellungszeitpunkt der vorherigen Aufgabe noch nicht bekannt ist.

Der Algorithmus plant nun die Aufgaben Schritt für Schritt ein. Um die Zeitpunkte, bis zu denen eine Maschine i belegt ist, zu kennzeichnen, wird die Variable Z_i genutzt.

Algorithmus 10 (Verfahren von Giffler und Thompson):

1. **Initialisierung:** Setze $Z_i = 0$ für alle $i = 1, \ldots, m$
2. **Iteration:** Bestimme den Zeitpunkt zu dem eine Aufgabe, die noch nicht eingeplant wurde, frühestens beendet sein kann:

$$C^* := \min\{\max\{Z_i, r_{ij}\} + p_{ij} | \text{Auftr. } j \text{ noch nicht auf } i \text{ eingeplant}\}$$

Sei i^* eine Maschine, auf der dieser Zeitpunkt erreicht werden kann.

3. **Einplanung:** Unter allen auf Maschine i^* verfügbaren Aufgaben, d.h. $r_{i^* j} < C^*$, wähle eine Aufgabe j^* gemäß Prioritätsregel.

4. Update: Setze $Z_{i^*} := \max\{Z_{i^*}, r_{i^*j^*}\} + p_{i^*j^*}$. Aktualisiere die r_{ij}.

Bemerkung 7.2:
1. Im Schritt 2 wird mit C^* der Zeitpunkt berechnet, zu dem eine nächste Aufgabe frühestens beendet werden kann. Welcher Auftrag dort ausgeführt wird, entscheidet dann die Prioritätsregel.
2. Die in Schritt 2 zu bestimmende Maschine i^* muss nicht eindeutig sein. Sollte es zwei (oder mehrere) potentielle Maschinen geben, so hängt der gefundene Ablaufplan nicht davon ab, welche Maschine zuerst ausgewählt wird. Die andere Maschine (bzw. die anderen Maschinen) wird dann direkt in der nächsten Iteration ausgewählt.

Einige der Prioritätsregeln, die wir bereits kennengelernt haben, sowie weitere, die für Ablaufplanungsprobleme Bedeutung haben, sind in der folgenden Tabelle gelistet.

Abk.	Name	Bedeutung
SPT (KOZ)	Shortest Processing Time	Kürzeste Bearbeitungszeit des Auftrags
LPT (LOZ)	Longest Processing Time	Längste Bearbeitungszeit des Auftrags
STT	Shortest Task Time	Kürzeste Bearbeitungszeit der Aufgabe
LTT	Longest Task Time	Längste Bearbeitungszeit der Aufgabe
SRPT	Shortest Remaining Processing Time	Kürzeste verbleibende Bearbeitungszeit
LRPT	Longest Remaining Processing Time	Längste verbleibende Bearbeitungszeit
SAPT	Shortest Alternate Processing Time	Kürzeste verbleibende Bearbeitungszeit abzüglich der Bearbeitungszeit der auszuwählenden Aufgabe
LAPT	Longest Alternate Processing Time	Längste verbleibende Bearbeitungszeit abzüglich der Bearbeitungszeit der auszuwählenden Aufgabe
FCFS	First Come First Served	„Wer zuerst kommt, mahlt zuerst"
Rand	Random	zufällige Auswahl

7.2. Das Verfahren von Giffler und Thompson

Bei SAPT und LAPT sind die Restbearbeitungszeiten nur auf den anderen Maschinen, aber nicht auf der aktuell zu betrachtenden Maschine zu berücksichtigen. Somit unterscheiden sich diese Prioritätsregeln von SRPT bzw. LRPT, wo auch die Bearbeitungszeit auf der aktuellen Maschine einbezogen wird.

Beispiel 7.3 ($J4||C_{\max}$)
Vier Aufträge müssen auf vier Maschinen bearbeitet werden. Die Bearbeitungszeiten jedes Auftrags auf jeder Maschine sowie die Reihenfolge, in der die jeweiligen Aufträge die Maschinen zu durchlaufen haben, sind in den folgenden Tabellen gegeben:

j	1	2	3	4
p_{1j}	5	7	1	2
p_{2j}	3	4	6	1
p_{3j}	3	8	5	4
p_{4j}	2	6	3	7

j	1	2	3	4
1. zu besuchende Maschine	1	2	4	3
2. zu besuchende Maschine	2	1	3	4
3. zu besuchende Maschine	3	3	2	2
4. zu besuchende Maschine	4	4	1	1

Wenden Sie das Verfahren von Giffler und Thompson zwei Mal auf dieses Beispiel an, indem sie zunächst die LPT-Regel und anschließend die LRPT-Regel anwenden.

Zunächst sind alle Maschinen und die jeweils ersten Aufgaben eines Auftrags direkt verfügbar. Es bietet sich für die Berechnung von C^* an, diese Informationen sowie die Bearbeitungszeiten in komprimierter Form in einer Matrix zu notieren. Dazu heben wir in der Matrix der Bearbeitungszeiten die Aufgaben hervor, die als nächstes eingeplant werden können. Anschließend ergänzen wir in einer zusätzlichen Spalte für jede Maschine die aktuell verfügbare Zeit Z_i sowie in einer Zeile den Fertigstellungszeitpunkt der vorherigen Aufgabe (falls vorhanden) eines jeden Auftrags. Letzterer Wert stimmt genau mit dem Wert r_{i^+j} überein, wobei i^+ die nächste zu bearbeitende Aufgabe des Auftrags j darstellt.

j	1	2	3	4	Z_i
p_{1j}	[5]	7	1	2	0
p_{2j}	3	[4]	6	1	0
p_{3j}	3	8	5	[4]	0
p_{4j}	2	6	[3]	7	0
r_{i^+j}	0	0	0	0	

7.2. Das Verfahren von Giffler und Thompson

Es gilt nun zu jedem markierten Wert das entsprechende Maximum aus den zugehörigen Z_i und r_{i+j} zu addieren. Der kleinste dieser Werte entspricht dann C^*. In diesem Fall ist das also 3. Daher kann eine Aufgabe frühestens zum Zeitpunkt $C^* = 3$ auf Maschine $i^* = 4$ beendet sein. Auf Maschine 4 ist nur die Aufgabe von Auftrag 3 verfügbar, was alleine schon daran erkennbar ist, dass in der vierten Zeile nur eine Zahl markiert ist. Daher wird Auftrag 3 dort eingeplant und der entsprechende Eintrag in der Matrix gelöscht. Es ergibt sich $Z_4 = 3$ und $r_{33} = 3$:

j	1	2	3	4	Z_i
p_{1j}	[5]	7	1	2	0
p_{2j}	3	[4]	6	1	0
p_{3j}	3	8	[5]	[4]	0
p_{4j}	2	6	■	7	3
r_{i+j}	0	0	3	0	

Jetzt kann eine Aufgabe frühestens zum Zeitpunkt $C^* = 4$ entweder auf Maschine 2 oder auf Maschine 3 beendet werden. Betrachten wir zunächst mit Verweis auf Bemerkung 7.2 die Maschine $i^* = 3$. Verfügbar sind diesmal sowohl Auftrag 3 als auch Auftrag 4, so dass die Prioritätsregel zu entscheiden hat. Im Falle von LPT würde Auftrag 3 ausgewählt, da Auftrag 3 eine Gesamtbearbeitungszeit von $1+6+5+3 = 15$ hat, Auftrag 4 aber nur von $2+1+4+7 = 14$. Wird hingegen LRPT angewendet, so wäre Auftrag 4 (weiterhin mit einem Wert von 14) gegenüber Auftrag 3 vorzuziehen, dessen verbleibende Bearbeitungszeit nur 12 beträgt.

Für die Auswahlregel LPT sind sämtliche Iterationen aufgeführt:

j	1	2	3	4	Z_i		1	2	3	4	Z_i		1	2	3	4	Z_i
p_{1j}	[5]	7	1	2	0		[5]	[7]	1	2	0		[5]	■	1	2	11
p_{2j}	3	[4]	6	1	0		3	■	6	1	4		3	■	[6]	1	4
p_{3j}	3	8	■	[4]	8		3	8	■	[4]	8		3	[8]	■	[4]	8
p_{4j}	2	6	■	7	3		2	6	■	7	3		2	6	■	7	3
r_{i+j}	0	0	8	0			0	4	8	0			0	11	8	0	

j	1	2	3	4	Z_i		1	2	3	4	Z_i		1	2	3	4	Z_i
p_{1j}	[5]	■	1	2	11		[5]	■	[1]	2	11		[5]	■	■	2	15
p_{2j}	3	■	[6]	1	4		3	■	■	1	14		3	■	■	1	14
p_{3j}	3	■	■	[4]	19		3	■	■	[4]	19		3	■	■	[4]	19
p_{4j}	2	[6]	■	7	3		2	[6]	■	7	3		2	[6]	■	7	3
r_{i+j}	0	19	8	0			0	19	14	0			0	19	15	0	

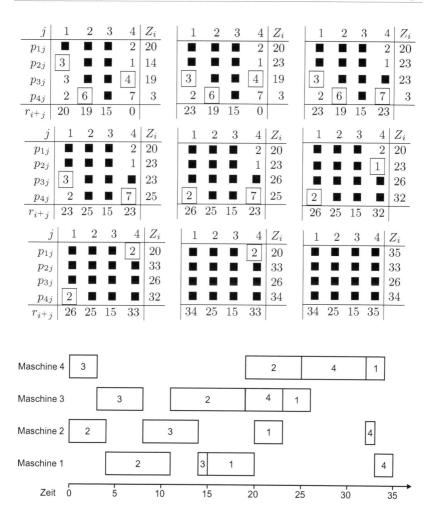

Abbildung 7.1.: Anwendung des Verfahrens von Giffler und Thompson mit LPT

In der letzten Matrix lässt sich nun der Fertigstellungszeitpunkt eines jeden Auftrags ablesen. Als letztes wird Auftrag 4 zum Zeitpunkt $C_4 = 35$ fertig, so dass $C_{\max} = 35$ gilt. Ebenfalls lässt sich in der letzten Spalte erkennen, zu welchem Zeitpunkt eine Maschine sämtliche Aufträge erledigt hat. So ist zu erkennen, dass Maschine 3 bereits zum Zeitpunkt

7.2. Das Verfahren von Giffler und Thompson

26 fertig ist, während Maschine 1 am längsten benötigt. Der zugehörige Ablaufplan ist in Abbildung 7.1 dargestellt.

Der ermittelte Ablaufplan bei Anwendung der LRPT-Regel findet sich in Abbildung 7.2. Hier ist $C_{\max} = 27$ und das Ergebnis ist somit deutlich

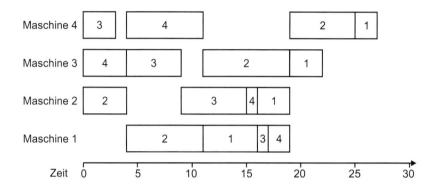

Abbildung 7.2.: Anwendung des Verfahrens von Giffler und Thompson mit LRPT

besser. Zur Verdeutlichung des Verfahrens möchten wir hier nur auf eine Besonderheit hinweisen, die entsteht, nachdem die ersten vier Aufgaben zugeordnet wurden.

j	1	2	3	4	Z_i
p_{1j}	5	■	1	2	11
p_{2j}	3	■	6	1	4
p_{3j}	3	8	5	■	4
p_{4j}	2	6	■	7	3
r_{i+j}	0	11	3	4	

In dieser Situation wird offensichtlich Maschine 3 als nächstes belegt. Sowohl Auftrag 2 als auch Auftrag 3 haben als nächstes Aufgaben, die auf Maschine 3 auszuführen sind. Obwohl Auftrag 2 die größere verbleibende Bearbeitungszeit hat, wird Auftrag 3 ausgeführt, da Auftrag 2 noch nicht verfügbar ist. Auftrag 2 kann erst auf Maschine 3 beginnen, wenn Auftrag 3 auf dieser Maschine bereits beendet ist.

An dem Beispiel wird ersichtlich, dass die Wahl der Prioritätsregel entscheidende Bedeutung für die Qualität des Verfahrens von Giffler und Thompson hat. Zugegebener Maßen erscheint die LPT-Regel im Allgemeinen auch nicht sehr sinnvoll für Job Shops. Ob aber nun LRPT oder LTT oder gar FCFS am besten anzusehen ist, hängt vom jeweiligen Einzelfall ab. Insbesondere für den (in der Praxis fast immer vorliegenden) Fall, dass die Instanzen für eine Berechnung von Hand zu groß sind, empfiehlt es sich daher bei der Implementierung auf einem Computer mehrere Durchläufe mit unterschiedlichen Prioritätsregeln durchzuführen.

7.3. Die Shifting-Bottleneck Heuristik

Ein weiteres, sehr bekanntes und häufig gebräuchliches Verfahren zur Lösung von Job Shop Problemen ist die Shifting-Bottleneck Heuristik (Adam et al. (1988)). Die Idee dabei ist, zunächst ein relaxiertes, d.h. vereinfachtes Problem zu betrachten, das sich leichter lösen lässt. Bei der Shifting-Bottleneck Heuristik wird dazu einfach die Bedingung aufgehoben, dass jede Maschine nur einen Auftrag zu einem bestimmten Zeitpunkt bearbeiten kann. Wir führen also zunächst jeden Auftrag so schnell wie möglich aus und berücksichtigen dabei zunächst nicht, dass dadurch womöglich mehrere Aufträge auf einer Maschine zeitgleich bearbeitet werden. Der so gefundene Ablaufplan ist also in der Regel nicht zulässig (sollte er doch zulässig sein, so ist der gefundene Ablaufplan bereits optimal). Daher wird für jede Maschine die Reihenfolge der Aufträge festgelegt und als Vorrangbeziehung in das Problem integriert. Um festzustellen bei welcher Maschine die Reihenfolge als nächstes festgelegt wird und wie diese Reihenfolge aussieht, gilt es als Hilfsproblem ein Einmaschinenproblem zu lösen. Sobald die Reihenfolge der Aufträge auf jeder Maschine festgelegt ist, ergibt sich ein zulässiger Ablaufplan.

Die Reihenfolge der Maschinen, die ein Auftrag j zu durchlaufen hat, sei wieder durch $(i_1, \ldots, i_m)$ gegeben. Mit $(i,j) \to (i',j')$, wobei entweder $i = i'$ oder $j = j'$ gilt, werden Vorrangbeziehungen beschrieben, die festlegen, dass Auftrag j' auf Maschine i' frühestens beginnen kann, nachdem Auftrag j auf Maschine i beendet ist.

7.3. Die Shifting-Bottleneck Heuristik

Algorithmus 11 (Shifting-Bottleneck Heuristik):

1. **Initialisierung:** Sei $M = \emptyset$ die Menge der Maschinen bei denen Überlappungen bereits ausgeschlossen sind.
   Weiter sei $Prec = \{(i_k, j) \to (i_{k+1}, j) | j = 1, \ldots, n, \, k = 1, \ldots, m-1\}$ eine Menge von Vorrangbeziehungen (zunächst nur durch Aufträge bedingte Vorrangbeziehungen).
   Die Gesamtbearbeitungszeit (des relaxierten Problems) sei $C_{\max}^{\text{akt}} = $
   $$\max_{j \in \{1, \ldots, n\}} \sum_{i=1}^{m} p_{ij}.$$

2. **Iteration:** Wiederhole die folgenden Schritte 3 und 4 genau m mal.

3. **Planung der Engpassmaschine:** Für alle $i \in \{1, \ldots, m\} \setminus M$ (Maschine i ist nicht in M), berechne die „Verspätung" $L(i)$ mittels des Hilfsproblems in Schritt A (s.u.).
   Sei i^* eine Maschine, für die $L(i)$ minimal ist und sei $(j'_1, \ldots, j'_n)$ eine optimale Reihenfolge des Hilfsproblems von i^*.
   Setze $Prec = Prec \cup \{(i^*, j'_l) \to (i^*, j'_{l+1}) | l = 1, \ldots, n-1\}$. Sei $C_{\max}^{\text{akt}}$ die durch $Prec$ induzierte Mindestgesamtbearbeitungszeit.
   Setze $M = M \cup \{i^*\}$.

4. **Update der eingeplanten Maschinen:** Führe für alle Maschinen $i \in M \setminus \{i^*\}$ folgende Schritte aus. Entferne die durch das (bereits gelöste) Hilfsproblem von i entstandenen Vorrangbeziehungen. Bestimme für i (erneut) das Hilfsproblem in Schritt A mit den aktuellen Werten. Sei $(j'_1, \ldots, j'_n)$ eine optimale Reihenfolge des Hilfsproblems von i.
   Setze $Prec = Prec \cup \{(i, j'_l) \to (i, j'_{l+1}) | l = 1, \ldots, n-1\}$. Sei $C_{\max}^{\text{akt}}$ die durch $Prec$ induzierte Mindestgesamtbearbeitungszeit.

A. Hilfsproblem:

  A.1 Definition Hilfsproblem: Stelle für die Maschine i ein Hilfsproblem $1|r_j|L_{\max}$ mit n Aufträgen auf. Für jeden Auftrag j' setze

  - $p_{j'} = p_{ij'}$,
  - $r_{j'} = vor(j)$, wobei $vor(j)$ die durch $Prec$ induzierte Mindestbearbeitungszeit vor Auftrag j auf Maschine i darstellt,

- $d_{j'} = C_{\max}^{\text{akt}} - nach(j)$, wobei $nach(j)$ die durch $Prec$ induzierte Mindestbearbeitungszeit nach Auftrag j auf Maschine i darstellt.

A.2 Lösung Hilfsproblem: $L(i)$ bezeichne den optimalen Zielfunktionswert $L_{\max}$ des Hilfsproblems.

Bemerkung 7.4:
1. Das Hilfsproblem $1|r_j|L_{\max}$ ist, wie bekannt, NP-schwer. Daher kann die Shifting-Bottleneck Heuristik eine sehr lange Laufzeit haben, sollte dieses Problem exakt gelöst werden. Allerdings sind diese Subprobleme meist so klein, dass sich ein exaktes Verfahren (siehe Beispiel 9.3) anbietet. Für die hier beschriebenen Aufgaben, die sich „von Hand" berechnen lassen, kann ein optimaler Ablaufplan immer durch „genaues Hinschauen" ermittelt werden.

2. Die in Schritt 3 und 4 zu berechnende Mindestgesamtbearbeitungszeit lässt sich recht leicht ablesen, wenn die Vorrangbeziehungen graphisch dargestellt werden. Dazu werden die Aufgaben als Knoten dargestellt und jede Vorrangbeziehung wird durch einen Pfeil angegeben. Die Nummer eines Knotens nennt die Maschine, auf der die Aufgabe, also der Auftrag, zu bearbeiten ist. Die längste „Kette" von Pfeilen, wobei sich die Länge auf die Bearbeitungszeiten der zugehörigen Aufgaben bezieht, gibt die Mindestgesamtbearbeitungszeit an. In Schritt 3 gilt zudem $C_{\max}^{\text{akt}} = C_{\max}^{\text{akt}} + L(i^*)$.

3. In Schritt 3 (und analog in Schritt 4) wird für eine Maschine die Reihenfolge der Aufträge festgelegt. Diese Reihenfolge wird dann mittels der Vorrangbeziehungen beibehalten, wodurch sich die Gesamtbearbeitungszeit erhöhen kann.

Wenden Sie die Shifting-Bottleneck Heuristik auf das Beispiel 7.3 an. Den vierten Schritt des Algorithmus (Update eingeplanter Maschinen) können Sie dabei vernachlässigen.

In der folgenden Abbildung sind zunächst die bisherigen Vorrangbeziehung für jeden Auftrag eingezeichnet. In den Kreisen stehen die jeweiligen Maschinennummern. Die Bearbeitungszeit p_{ij} der jeweiligen Aufträge auf den Maschinen ist außerhalb der Kreise notiert.

7.3. Die Shifting-Bottleneck Heuristik

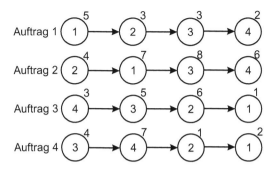

Auftrag 2 hat die längste Bearbeitungszeit, so dass $C_{\max}^{\text{akt}} = 25$ gilt. Für jede Maschine muss nun ein Hilfsproblem gelöst werden, das im Folgenden jeweils zusammen mit dem optimalen Ablaufplan notiert ist. Beispielhaft wird für Maschine 1 an Hand von Auftrag 2 erläutert, wie sich die Ankunftszeiten und Liefertermine berechnen. In den Vorrangbeziehungen von Auftrag 2 ist zu erkennen, dass vor der Maschine 1 zuerst Maschine 2 für vier Zeiteinheiten besucht werden muss. Entsprechend ist die Ankunftszeit auf 4 zu setzen. Nach Maschine 1 müssen noch die Aufgaben auf Maschine 3 und 4 abgearbeitet werden. Die dafür veranschlagten 14 Zeiteinheiten werden von der aktuellen Gesamtbearbeitungszeit 25 abgezogen, so dass sich der Liefertermin von 11 ergibt.

Maschine 1

j'	1	2	3	4
$p_{j'}$	5	7	1	2
$r_{j'}$	0	4	14	12
$d_{j'}$	17	11	25	25

Opt. Reihenfolge $(2, 1, 3, 4)$
$L(1) := L_{\max} = 0$

Maschine 2

j'	1	2	3	4
$p_{j'}$	3	4	6	1
$r_{j'}$	5	0	8	11
$d_{j'}$	20	4	24	23

Opt. Reihenfolge $(2, 1, 3, 4)$
$L(2) := L_{\max} = 0$

Maschine 3

j'	1	2	3	4
$p_{j'}$	3	8	5	4
$r_{j'}$	8	11	3	0
$d_{j'}$	23	19	18	15

Opt. Reihenfolge $(4, 3, 2, 1)$
$L(3) := L_{\max} = 0$

Maschine 4

j'	1	2	3	4
$p_{j'}$	2	6	3	7
$r_{j'}$	11	19	0	4
$d_{j'}$	25	25	13	22

Opt. Reihenfolge $(3, 4, 1, 2)$
$L(4) := L_{\max} = 0$

Da auf allen Maschinen der gleiche Wert für $L(i)$ vorliegt, kann eine Maschine frei gewählt werden. Es ist anzumerken, dass obwohl bei keiner Maschine eine Verspätung vorliegt, an dieser Stelle nicht abgebrochen werden darf. Wählen wir Maschine 1. Die dort ermittelte Reihenfolge der Aufträge wird in die Vorrangbeziehungen aufgenommen:

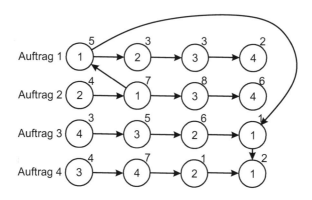

Es gilt nun $M = \{1\}$, $C_{\max}^{\text{akt}} = 25$ und damit ist die erste Iteration abgeschlossen. In der zweiten Iteration gilt es nun die Maschinen 2, 3 und 4 erneut zu untersuchen.

Maschine 2

j'	1	2	3	4
$p_{j'}$	3	4	6	1
$r_{j'}$	16	0	8	11
$d_{j'}$	20	4	22	23

Opt. Reihenfolge $(2, 3, 4, 1)$
$L(2) := L_{\max} = 0$

Maschine 3

j'	1	2	3	4
$p_{j'}$	3	8	5	4
$r_{j'}$	19	11	3	0
$d_{j'}$	23	19	16	15

Opt. Reihenfolge $(4, 3, 2, 1)$
$L(3) := L_{\max} = 0$

Maschine 4

j'	1	2	3	4
$p_{j'}$	2	6	3	7
$r_{j'}$	22	19	0	4
$d_{j'}$	25	25	11	22

Opt. Reihenfolge $(3, 4, 2, 1)$
$L(4) := L_{\max} = 2$

7.3. Die Shifting-Bottleneck Heuristik

In diesem Fall ist also Maschine 4 auszuwählen, so dass $M = \{1, 4\}$, $C_{\max}^{\text{akt}} = 27$ und folgende Vorrangbeziehungen entstehen.

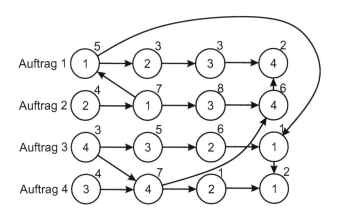

Auch wenn im Rahmen dieser Beispielaufgabe erwähnt wurde, dass der Schritt 4 des Algorithmus nicht ausgeführt werden braucht, so gehen wir der Vollständigkeit halber kurz auf die Umsetzung ein. Im Schritt 4 würden nun die Vorrangbeziehungen von Maschine 1 entfernt, so dass nur noch die folgenden Vorrangbeziehungen verbleiben.

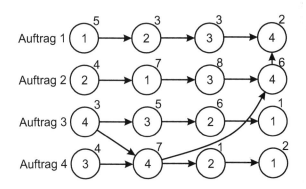

Anschließend gilt es, dass um die aktualisierten Vorrangbeziehungen angepasste Hilfsproblem zu lösen.

Maschine 1

j'	1	2	3	4
$p_{j'}$	5	7	1	2
$r_{j'}$	0	4	14	12
$d_{j'}$	17	11	25	25

Opt. Reihenfolge $(2, 1, 3, 4)$
$L(1) := L_{\max} = 0$

Da sich in diesem Fall die optimale Reihenfolge nicht ändert werden die gerade entfernten Vorrangbeziehungen wieder ergänzt und der Schritt 4 ist abgeschlossen.

An dieser Stelle verbleiben nun noch zwei Maschinen, deren Hilfsprobleme zu betrachten sind.

Maschine 2

j'	1	2	3	4
$p_{j'}$	3	4	6	1
$r_{j'}$	16	0	8	11
$d_{j'}$	22	4	24	25

Opt. Reihenfolge $(2, 3, 4, 1)$
$L(2) := L_{\max} = 0$

Maschine 3

j'	1	2	3	4
$p_{j'}$	3	8	5	4
$r_{j'}$	19	11	3	0
$d_{j'}$	25	19	18	12

Opt. Reihenfolge $(4, 3, 2, 1)$
$L(3) := L_{\max} = 0$

Wir wählen Maschine 2 und erhalten $M = \{1, 2, 4\}$, $C_{\max}^{\text{akt}} = 27$ und folgende Vorrangbeziehungen.

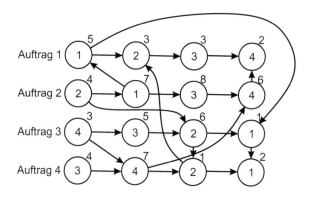

7.3. Die Shifting-Bottleneck Heuristik

Der Vollständigkeit halber sei erneut erwähnt, dass an dieser Stelle der Schritt 4 des Algorithmus käme, wir ihn aber nicht weiter berücksichtigen. Abschließend wird noch das Hilfsproblem für Maschine 3 betrachtet.

Maschine 3

j'	1	2	3	4
$p_{j'}$	3	8	5	4
$r_{j'}$	19	11	3	0
$d_{j'}$	25	19	18	12

Opt. Reihenfolge $(4, 3, 2, 1)$
$L(3) := L_{\max} = 0$

Da das Update der eingeplanten Maschinen nicht durchgeführt wird, erhalten wir abschließend $M = \{1, 2, 3, 4\}$, $C_{\max}^{\text{akt}} = 27$ und folgende Vorrangbeziehungen.

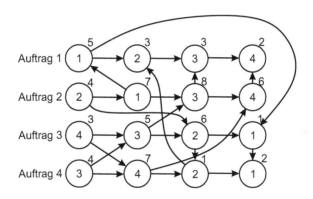

Aus diesen Vorrangbeziehungen lässt sich jetzt für jede Maschine ein eindeutiger Ablaufplan erstellen, der genau dem Ablaufplan aus Abbildung 7.2 auf Seite 81 entspricht.

8. Open Shops

Bei Open Shop Problemen gelten ähnliche Voraussetzungen wie bei Job Shops und Flow Shops. Insbesondere muss jeder Auftrag auf jeder Maschine ausgeführt werden. Allerdings ist die Reihenfolge der Maschinen, die ein Auftrag durchläuft, frei wählbar. Ein Beispiel für ein Open Shop ist im Krankenhausmanagement zu finden. Patienten (entsprechen den Aufträgen) müssen verschiedene Untersuchen durchlaufen, für die sie knappe Ressourcen (Ärzte bzw. Untersuchungsräume) für eine bestimmte Zeit benötigen. Ziel kann hier die Minimierung der Gesamtzeit sein, wobei gerade auch die Minimierung der Summe der Terminüberschreitungen (= Anzahl Überstunden) sinnvoll sein könnte.

Zunächst sei erwähnt, dass sich Prioritätsregeln gemäß Definition 5.3 aber noch besser mittels des Verfahrens von Giffler und Thompson (Algorithmus 10) auch auf Open Shops anwenden lassen.

Satz 8.1 ($O2||C_{\max}$)
Die LAPT-Regel (angewendet gemäß Definition 5.3) liefert für Problem $O2||C_{\max}$ stets einen optimalen Ablaufplan. $O2||C_{\max}$ liegt also in P.

BEWEIS: Für jede Instanz von $O2||C_{\max}$ gilt offensichtlich, dass $C_{\max}$ mindestens so groß ist, wie die Summe der Bearbeitungszeiten auf Maschine 1 ($C_{\max} \geq \sum_{j=1}^{n} p_{1j}$), wie die Summe der Bearbeitungszeiten auf Maschine 2 ($C_{\max} \geq \sum_{j=1}^{n} p_{2j}$) und wie die beiden Bearbeitungszeiten eines Auftrags ($C_{\max} \geq p_{1j} + p_{2j}, \forall j \in \{1, \ldots, n\}$). Insgesamt gilt also

$$C_{\max} \geq \max \left\{ \max_{j \in \{1, \ldots, n\}} (p_{1j} + p_{2j}), \sum_{j=1}^{n} p_{1j}, \sum_{j=1}^{n} p_{2j} \right\}$$

Wir werden nun zeigen, dass die LAPT-Regel stets einen Ablaufplan liefert, für den $C_{\max} = \max \left\{ \max_{j \in \{1, \ldots, n\}} \{p_{1j} + p_{2j}\}, \sum_{j=1}^{n} p_{1j}, \sum_{j=1}^{n} p_{2j} \right\}$ gilt. Dazu betrachten wir eine Fallunterscheidung.

1. Fall: Sei $k := \operatorname*{argmax}_{j \in \{1,\ldots,n\}} \{p_{1j}+p_{2j}\} \geq \max\left\{\sum_{j=1}^{n} p_{1j}, \sum_{j=1}^{n} p_{2j}\right\}$. O.b.d.A.
sei $p_{1k} \leq p_{2k}$. Aus den Annahmen folgt, dass Auftrag k auf Maschine 2 die Aufgabe mit der längsten Bearbeitungszeit hat. Laut LAPT-Regel wird also Auftrag k zuerst auf Maschine 1 bearbeitet. Auftrag k hat auf Maschine 2 somit geringste Priorität, da seine verbleibende Restbearbeitungszeit gleich Null ist. Da $p_{1k} \geq \sum_{j=1, j \neq k}^{n} p_{2j}$ können alle übrigen Aufträge auf Maschine 2 bearbeitet werden, während Auftrag k auf Maschine 1 bearbeitet wird. Auftrag k kann also bereits zum Zeitpunkt p_{1k} auf Maschine 2 beginnen. Mit dem gleichen Argument werden laut LAPT zeitgleich zu der Bearbeitung von Auftrag k auf Maschine 2 alle übrigen Aufträge auf Maschine 1 bearbeitet. Der entstehende Ablaufplan hat also genau die Länge $p_{1k} + p_{2k}$.

2. Fall: Sei $\max_{j \in \{1,\ldots,n\}} \{p_{1j} + p_{2j}\} < \max\left\{\sum_{j=1}^{n} p_{1j}, \sum_{j=1}^{n} p_{2j}\right\}$. Wir nehmen (o.B.d.A.) an, dass die längste auf einer Maschine auszuführende Aufgabe k auf Maschine 1 zu bearbeiten ist, so dass Auftrag k zuerst auf Maschine 2 bearbeitet wird und dann auf Maschine 1. Wenn die LAPT-Regel einen Ablaufplan liefert, in dem beide Maschinen ohne Unterbrechung arbeiten, so ist der Ablaufplan offensichtlich optimal. Gibt es jedoch eine Unterbrechung, in der kein Auftrag auf Maschine 1 in Bearbeitung ist, so liegt dies daran, dass auf Maschine 2 ein Auftrag h in Bearbeitung ist, der ebenfalls noch auf Maschine 1 bearbeitet werden muss und auf seine Beendigung auf Maschine 2 wartet. Gleichzeitig kann es keinen weiteren Auftrag außer h geben, der noch auf Maschine 1 zu bearbeiten ist, denn sonst wäre er zu Beginn des Stillstands von Maschine 1 gestartet worden. Insbesondere wäre Auftrag k gestartet worden und wegen $p_{1k} \geq p_{2h}$ kann Maschine 1 nur stillstehen, falls $h = k$. Da Auftrag k auf Maschine 2 als erster Auftrag startete und unmittelbar danach auf Maschine 1 weiter bearbeitet wird, ist seine Bearbeitungszeit $p_{1k} + p_{2k} \geq \sum_{j=1}^{n} p_{2j}$, was ein Widerspruch zur Annahme ist. Maschine 1 arbeitet also ohne Unterbrechung.

Angenommen auf Maschine 2 gibt es eine Unterbrechung, in der die Maschine still steht. Wiederum gibt es einen Auftrag h der auf Maschine 1 in Bearbeitung ist, der ebenfalls noch auf Maschi-

Kapitel 8. Open Shops

ne 2 bearbeitet werden muss und auf seine Beendigung auf Maschine 1 wartet. Außerdem ist Auftrag h der einzige Auftrag, der noch auf Maschine 2 zu bearbeiten ist. Auf Maschine 1 gibt es nur noch Aufträge, die bereits auf Maschine 2 beendet wurden, mindestens jedoch k. Da $p_{1k} \geq p_{2h}$ und darüber hinaus auf Maschine 1 alle Aufträge lückenlos hintereinander bearbeitet werden, gilt $\sum_{j=1}^{n} p_{1j} \geq \sum_{j=1}^{n} p_{2j}$ und der Ablaufplan ist optimal. □

Sobald mehr als zwei Maschinen vorliegen, kann die LAPT-Regel allerdings nur als Heuristik verwendet werden.

Satz 8.2 ($Om||C_{\max}$)
Das Problem $Om||C_{\max}$ ist NP-schwer für alle $m \geq 3$.

BEWEIS: Zur Reduktion auf $O3||C_{\max}$ nutzen wir das NP-schwere Partitionsproblem (Garey und Johnson (1979)):
INSTANZ: Gegeben eine Menge A und für jedes Element $a \in A$ die „Größe" dieses Elements $p_a \in \mathbb{N}$.
FRAGE: Gibt es eine Teilmenge $A' \subset A$, so dass

$$\sum_{a \in A'} p_a = \sum_{a \in A \setminus A'} p_a?$$

Es soll also eine Teilmenge gewählt werden, so dass die Summe der Größen der Elemente genau der Summe der Größen der verbleibenden Elemente entspricht. Sei $T := \frac{1}{2} \sum_{a \in A} p_a$.
Betrachte eine Instanz mit $n = |A|+1$ Aufträgen und genau 3 Maschinen. Falls $m > 3$, so nehmen wir an, dass jeder Auftrag auf den zusätzlichen Maschinen eine Bearbeitungszeit von Null hat. Die Bearbeitungszeit der ersten $|A|$ Aufträge entspricht ihrem Gewicht in A. Es gilt also $p_{1j} = p_{2j} = p_{3j} = p_j$ für alle $j \in \{1,\ldots,|A|\}$. Der n-te Auftrag, nennen wir ihn „Blocker", hat auf jeder Maschine eine Bearbeitungszeit von $p_{1n} = p_{2n} = p_{3n} = T$. Wir zeigen, dass die optimale Gesamtbearbeitungszeit dieser Instanz von $O3||C_{\max}$ genau dann $3T$ ist, wenn die zugehörige Instanz des Partitionsproblems eine Ja-Instanz ist. Offensichtlich nimmt $C_{\max}$ wegen des Blockers immer mindestens diesen Wert an. Da sich die Maschinen bezüglich der Bearbeitungszeiten nicht unterscheiden, können wir ohne Beschränkung der Allgemeinheit annehmen, dass der Blocker zunächst auf Maschine 1, dann auf Maschine 2 und abschließend auf Maschine 3 bearbeitet wird.

Angenommen es gäbe einen Ablaufplan mit $C_{\max} = 3T$. Dann müssen auf Maschine 2 die Aufträge die jeweils vor und nach dem Blocker ausgeführt werden, genau die Bearbeitungszeit T haben.

Angenommen die Instanz des Partitionsproblems ist eine Ja-Instanz. Dann lassen sich die zugehörigen Aufträge der Instanz von $O3||C_{\max}$ wie folgt anordnen.

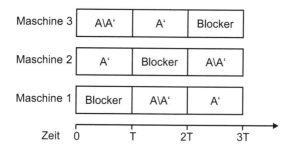

Gonzalez und Sahni (1976) präsentieren einen etwas anderen Beweis, bei dem sogar nur gefordert wird, dass alle Aufträge bis auf einen nur auf einer Maschine zu bearbeiten sind. □

Gerade an dem Problem $O2||C_{\max}$, das ja mit einer einfachen Sortierung exakt lösbar ist, lässt sich hervorragend zeigen, dass das vollständige Auflisten sämtlicher möglicher Ablaufpläne ein denkbar ungünstiges Lösungsverfahren ist. Da die n Aufträge auf jeder Maschine in beliebiger und auch unterschiedlicher Reihenfolge eingeplant werden können, entstehen alleine so schon $n! \cdot n!$ unterschiedliche Möglichkeiten, einen Ablaufplan zu generieren. Für jede dieser Kombinationen gilt es dann aber noch zu entscheiden, welche Maschine bei einem Auftrag, der zeitgleich für beide Maschinen zur Verfügung steht, bevorzugt wird. Selbst für $n = 6$ gibt es dann schon viele Millionen mögliche Ablaufpläne, obwohl eine derartige Instanz problemlos von Hand gelöst werden kann.

Die vollständige Enumeration sämtlicher Ablaufpläne ist natürlich allein deswegen wenig sinnvoll, weil dabei auch zahlreiche Ablaufpläne berücksichtigt werden, die ganz offensichtlich sinnlos sind. Insbesondere werden dabei Ablaufpläne betrachtet, in denen eine Maschine einen derart langen Stillstand hat, dass ein bereit stehender Auftrag hätte bearbeitet

Kapitel 8. Open Shops

werden können. Daher ist es denkbar, sich auf Ablaufpläne zu fokussieren, die zumindest nicht auf den ersten Blick als sinnlos klassifiziert werden können. Dazu gehören zweifelsohne die sogenannten dichten Ablaufpläne.

Definition 8.3 (Dichter Ablaufplan)
Ein Ablaufplan eines beliebigen Ablaufplanungsproblems heißt <u>dicht</u>, falls es auf einer Maschine i nur dann einen Zeitraum (beginnend zum Zeitpunkt s_i und endend im Zeitpunkt c_i) gibt in dem die Maschine keinen Auftrag bearbeitet, wenn die ausschließlich bis zum Zeitpunkt c_i betrachtete Belegung der anderen Maschinen dazu führt, dass keine Aufgabe auf Maschine i ausgeführt werden kann.

Eine Maschine darf also nur dann einen Zeitraum ohne Bearbeitung haben, wenn keine Aufgabe auf eine Bearbeitung auf dieser Maschine wartet. Ein dichter Ablaufplan kann auch derart beschrieben werden, dass eine Maschine nach Beendigung einer Aufgabe schnellstmöglich eine nächste Aufgabe bearbeiten muss. Daher lassen sich leicht dichte Ablaufpläne generieren, indem auf der nächsten verfügbaren Maschine stets die am frühesten bereitstehende Aufgabe eingeplant wird. Ablaufpläne, die durch das Verfahren von Giffler und Thompson erzeugt werden, sind nicht zwingend dicht. Weiter sei aber angemerkt, dass sich ein beliebiger Ablaufplan durch die Betrachtung der „Pausenzeiten" der Maschinen und gegebenenfalls durch Verschieben entsprechender Aufgaben leicht in einen dichten Ablaufplan umwandeln lässt.

Beispiel 8.4 ($O3||C_{\max}$)
Betrachte folgende Instanz des Problems $O2||C_{\max}$ mit drei Aufträgen.

j	1	2	3
p_{1j}	3	2	2
p_{2j}	3	2	2
p_{3j}	3	2	2

In einem dichten Ablaufplan muss offensichtlich auf jeder Maschine zu Beginn einer der drei Aufträge ausgeführt werden. Die Aufträge 2 und 3 enden bereits zum Zeitpunkt 2 und müssen anschließend auf der jeweils anderen Maschine weiter bearbeitet werden, um einen dichten Ablaufplan zu erhalten. Dadurch ergibt sich nur ein einzig möglicher Ablaufplan (abgesehen vom möglichen Vertauschen der Maschinen bzw. Vertauschen der Aufträge 2 und 3). Dieser Ablaufplan mit Zielfunktionswert 10 ist in dem linken Gantt-Diagramm zu sehen:

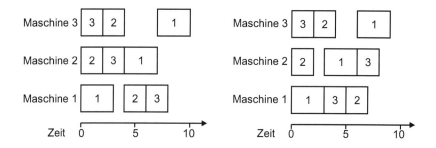

Im rechten Gantt-Diagramm ist hingegen ein besserer (sogar optimaler) Ablaufplan mit Zielfunktionswert 9 dargestellt.

Auch wenn, wie im Beispiel gesehen, eine Beschränkung auf dichte Ablaufpläne bei der Suche nach optimalen Ablaufplänen nicht möglich ist, so ist deren Betrachtung dennoch oft sinnvoll. So kann z.B. für drei Maschinen eine Güte für dichte Ablaufpläne angegeben werden.

Satz 8.5 ($O3||C_{\max}$)
Gegeben ein dichter Ablaufplan für eine Instanz des Problems $O3||C_{\max}$. Die Gesamtbearbeitungszeit des Ablaufplans ist höchstens $\frac{5}{3}$ mal so lang wie die Gesamtbearbeitungszeit des optimalen Ablaufplans dieser Instanz.

BEWEIS: Siehe Chen und Strusevich (1993). □

Auch wenn wir mit dem Verfahren von Giffler und Thompson bereits eine Heuristik kennengelernt haben, die sich auf allgemeine Open Shops anwenden lässt, so lohnt sich auch ein Blick auf ein Verfahren, das speziell für Open Shops gedacht ist. Als sehr effektiv hat sich dabei eine simple Heuristik erwiesen, die von Bräsel et al. (1993) vorgestellt wurde. Die Idee ist dabei die jeweils k-te ($k = 1, \ldots, n$) auf einer Maschine zu bearbeitende Aufgabe simultan für alle Maschinen zuzuordnen. Für diesen Algorithmus wird angenommen, dass $n \geq m$ gilt (beachte Bemerkung 8.6).

Algorithmus 12 (Verfahren von Bräsel, Tautenhahn und Werner):

1. Iteration: Führe Schritt 2 für alle $k = 1, \ldots, n$ aus.

Kapitel 8. Open Shops 97

2. **Zuordnung der nächsten m Aufgaben:** Ordne allen Maschinen als nächstes jeweils eine der verbleibenden Aufgaben zu und zwar derart, dass die längste Bearbeitungszeit der ausgewählten Aufgaben möglichst klein ist.

In dem zweiten Schritt ist ein Zuordnungsproblem (siehe Aufgabe 15) zu lösen. Für diese Problemstellung sind in der Literatur effiziente Verfahren präsentiert worden (für eine Übersicht siehe z.b. Burkard et al. (2009)). Für unsere Anwendungen ist allerdings ein Lösen mittels „genauem Hinschauen" ausreichend. So wie der zweite Schritt hier (und auch in der Originalquelle) beschrieben ist, ist der Algorithmus für den Fall $n > m$ nicht immer wohldefiniert. Es kann nämlich in einem der letzten Schritte passieren, dass überhaupt keine Zuordnung mehr möglich ist, weil eine Maschine bereits alle Aufgaben erledigt hat. Daher ist im zweiten Schritt eine derartige Zuordnung auszuwählen, die in allen folgenden Iterationen weiterhin eine Zuordnung ermöglicht. Das kann zum Beispiel dadurch erreicht werden, dass ein Auftrag, bei dem bisher weniger Aufgaben eingeplant wurden als bei anderen Aufträgen, bevorzugt eingeplant werden muss. Wir betrachten diesen Sonderfall in den hiesigen Beispielen allerdings nicht und verweisen für weitere Verfahren, mit denen festgestellt werden kann, ob noch zulässige Zuordnungen möglich sind, auf die Literatur zu Zuordnungsproblemen, insbesondere auf Burkard et al. (2009).

Es sei noch angemerkt, dass Bräsel et al. (1993) alternative Ziele präsentieren, nach denen im zweiten Schritt die Zuordnung zu erfolgen hat.

Bemerkung 8.6:
1. Da in einem Open Shop jeder Auftrag auf jeder Maschine in beliebiger Reihenfolge ausgeführt werden kann, also die Maschinenreihenfolge für jeden Auftrag und die Auftragsreihenfolge für jede Maschine festgelegt werden kann, ist die Bezeichnung für Aufträge und Maschinen austauschbar. In der oben erwähnten Anwendung, bei der Untersuchungsräume die Maschinen darstellen, die von Patienten, die den Aufträgen entsprechen, zu besuchen sind, ist auch folgende Interpretation denkbar. Die Patienten werden als Maschinen modelliert, und jeder Untersuchungsraum (interpretierbar als Auftrag) muss auf jeder Maschine „bearbeitet" werden.

2. Offensichtlich ist daher auch das Problem $Om|n = 2|C_{\max}$ leicht lösbar.

3. Das Verfahren von Bräsel, Tautenhahn und Werner ist somit auch für den Fall $m > n$ modifiziert anwendbar.

Beispiel 8.7 ($O3||C_{\max}$)
Betrachte die folgende Instanz des Problems $O3||C_{\max}$ mit $n = 5$ Aufträgen.

j	1	2	3	4	5
p_{1j}	1	3	6	5	10
p_{2j}	1	8	4	7	2
p_{3j}	4	3	1	8	6

Wenden Sie das Verfahren von Bräsel, Tautenhahn und Werner auf diese Instanz an.

Es ist in der ersten Iteration offensichtlich nicht möglich, jeder Maschine derart eine Aufgabe zuzuordnen, dass die maximale Bearbeitungszeit 1 beträgt. Wird Maschine 1 der Auftrag 1, Maschine 2 der Auftrag 5 und Maschine 3 der Auftrag 3 zugeordnet, so ist die maximale Bearbeitungszeit 2. Im zweiten Schritt wird dann Maschine 1 der Auftrag 2, Maschine 2 der Auftrag 3 und Maschine 3 der Auftrag 1 zugeordnet, so dass hier die maximale Bearbeitungszeit 4 beträgt. Durch sukzessives Anwenden dieses Verfahrens entsteht dann der folgende Ablaufplan.

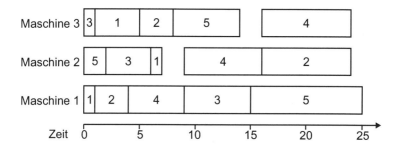

9. Ablaufplanung in der Praxis

Die in der Theorie betrachteten und mit der Dreifeldnotation dargestellten Fragestellungen können als Grundform der in der Praxis vorkommenden Ablaufplanungsprobleme aufgefasst werden. Meist erweisen sich die praktischen Fragestellungen als deutlich weitreichender und entsprechen somit selten den idealtypischen Modellen.

Im Folgenden werden wir einige Punkte beschreiben, in denen sich viele praktische Fragestellungen (aber längst nicht alle) von den in diesem Buch betrachteten Modellen unterscheiden. Es sei angemerkt, dass die hier beschriebenen Modelle in der wissenschaftlichen Literatur bereits stark erweitert wurden, um viele der im Folgenden genannten Unzulänglichkeiten zu begegnen.

1. Die so grundlegende Annahme, dass n Aufträge einzuplanen sind, ist oft nicht realistisch. Vielmehr gilt es oft ein System zu planen, in dem laufend neue Aufträge hinzukommen. Der Themenbereich Online-Scheduling (siehe Albers (2003)) befasst sich in der Theorie mit derartigen Fragestellungen.

2. Die Bearbeitungszeiten sind ebenfalls selten fix sondern hängen von Faktoren wie der Maschinenabnutzung, Lernkurveneffekten der Mitarbeiter oder dem Zufall ab. Eine Übersicht zu Lernkurveneffekten gibt Biskup (2008).

3. In der Praxis wird häufig Wert auf „robuste" Pläne gelegt, die auch dann anwendbar sind, wenn unerwartete Störungen wie z.B. zeitliche Verzögerungen auftreten (Robust-Scheduling). Bei schweren Störungen wird gegebenenfalls auch eine Umplanung notwendig, die sich an dem bisherigen Plan ausrichten sollte. Siehe dazu Ouelhadj und Petrovic (2009).

4. Die theoretischen Modelle gehen von fixen Gewichten w_j aus, während diese in der Praxis häufig zeit- und/oder maschinenabhängig sind. Zudem lassen sie sich oft nur schwierig bestimmen.

5. Ablaufplanungsmodelle kennen (meist) nur Ja-Nein-Restriktionen. So kann zum Beispiel ein Auftrag auf einer Maschine ausgeführt werden oder dies ist nicht möglich. Dadurch lassen sich Präferenzen der Form „Der Auftrag sollte nicht auf der Maschine ausgeführt werden, könnte dort aber zur Not bearbeitet werden" nicht abbilden. Auch hierzu gibt es bereits Ansätze in der wissenschaftlichen Literatur, die unter dem Stichwort „Fuzzy-Scheduling" von Dubois et al. (2003) zusammengefasst werden.

6. Maschinen stehen in den Modellen (abgesehen von Rüstzeiten) stets zur Verfügung. (Vorbeugende) Wartungsmaßnahmen, Reparaturen oder prozessbedingte Pausen z.B. während eines Schichtwechsels finden daher zunächst keine Berücksichtigung. Ein Ansatz dazu findet sich bei Lee (1996).

7. Wie bereits in Abbildung 2.1 (Seite 15) dargestellt, genügen die tatsächlich zu erzielenden Ziele oft nicht der stückweisen linearen Form der theoretischen Zielfunktionen. Zudem gibt es natürlich mehr sinnvolle Zielsetzungen als die in diesem Buch erwähnten. So ist es bei Ablaufplanungsproblemen im Zusammenhang mit Fließbändern oft gewünscht, die Ressourcen (Arbeitsstationen) möglichst gleichmäßig auszulasten, also keine Arbeitsstation deutlich länger einzuplanen als die anderen (siehe dazu Boysen et al. (2007) bzw. Scholl et al. (2013) bei zusätzlicher Berücksichtigung reihenfolgeabhängiger Rüstkosten). Es ist darüber hinaus festzustellen, dass sich viele Planer in der Praxis der expliziten Zielsetzung ihrer Planung gar nicht bewusst sind.

8. Problematisch ist besonders, dass es in der Praxis meist mehr als eine Zielsetzung zu optimieren gilt. So sollen häufig einerseits Fälligkeitszeitpunkte eingehalten werden, andererseits aber auch die Gesamtbearbeitungszeit gering gehalten werden. Die Gewichtigkeit der Ziele kann dabei sogar im Laufe der Zeit variieren. Eine Übersicht über wissenschaftliche Aufsätze, die sich mit diesem Thema beschäftigen gibt Lei (2009).

9. In diesem Buch wurden stochastische Modelle, in denen insbesondere Bearbeitungszeiten dem Zufall genügen, ausgeklammert. Aber selbst die in der wissenschaftlichen Literatur vorhandenen stochastischen Modelle treffen – um überhaupt Ablaufpläne generieren zu können – fast immer vereinfachende Annahmen, wie z.B. bestimm-

te Verteilungsfunktionen, Unabhängigkeit der Zufallsvariablen, etc. Im Lehrbuch von Pinedo (2012) findet dieser Aspekt Beachtung.

10. Die klassischen Ablaufplanungsprobleme erlauben nicht, dass ein Auftrag zeitgleich auf mehreren Maschinen ausgeführt wird. Insbesondere in der Projektplanung ist dies allerdings häufig der Fall (obgleich hier der Begriff „Maschine" eher durch „Ressource" ersetzt werden sollte). Sind zudem, wie in der Projektplanung üblich, Vorrangbeziehungen zu berücksichtigen, bietet sich für diese Problemstellung eine Modellierung als RCPSP (Resource Constrained Project Scheduling Problem) an. Übersichten zu dieser Kombination aus Ablaufplanung und Projektplanung finden sich bei Brucker et al. (1999), Kolisch und Padman (2001) und Hartmann und Briskorn (2010).

Es bleibt festzuhalten, dass sich die Ergebnisse der klassischen Theorie sehr wohl für praktische Fragestellungen nutzen lassen. Entsprechende Beispiel werden im folgenden Unterabschnitt gegeben. Allerdings darf dabei meist nicht von einer eins zu eins Umsetzung ausgegangen werden. Vielmehr sind die Ablaufplanungsmodelle als Kern praktischer Fragestellungen zu verstehen und sind als Bausteine für die praktische Planung nützlich. Dazu ist es wichtig, bei der Modellierung die wesentlichen (für die Erreichung der Ziele notwendigen) Eigenschaften zu erfassen und gleichzeitig eher unwichtige Aspekte, die ein Modell womöglich unnötig verkomplizieren, außen vor zu lassen.

Für Planungsprobleme, deren explizite Modellierung zu umfangreich ist oder für die der Aufwand einer Modellierung voraussichtlich zu groß ist, empfehlen sich allgemein anwendbare Verfahren. Dazu gehören die bereits bekannten Prioritätsregeln, die durch eine einfache Anwendbarkeit bestechen. Das verspricht im Vergleich zu komplizierteren bzw. schlechter vermittelbaren Verfahren auch eine höhere Akzeptanz im anwendenden Unternehmen.

Ein Verfahren, das sich sehr allgemein auf verschiedene Problemstellungen anwenden lässt, wird als Metastrategie bezeichnet. Im zweiten Unterkapitel dieses Kapitels wird beispielhaft die Funktionsweise von heuristischen und exakten Metastrategien erläutert. Dazu betrachten wir eine Metaheuristik, die auf einer Nachbarschaftssuche basiert und anschließend noch Branch-and-Bound als ein allgemein anwendbares exaktes Verfahren.

9.1. Anwendungsbeispiele

Im Folgenden erläutern wir die Modellierung dreier praktischer Fragestellungen, die als Ablaufplanungsprobleme modelliert wurden und die Thema wissenschaftlicher Veröffentlichungen sind. In allen drei Fällen gelingt die Darstellung als Ablaufplanungsproblem hervorragend, wobei zum Teil nicht auf die klassischen Zielfunktionen zurückgegriffen werden kann.

Landebahnnutzung mittels eines Einmaschinenmodells mit reihenfolgeabhängigen Rüstzeiten

Eine Anwendung in der Flughafenlogistik präsentieren Briskorn und Stolletz (2014). An einem Flughafen gilt es den heute ankommenden n Flugzeugen Landezeiten vorzugeben. Dazu gibt es eine Landebahn, die im Planungszeitraum uneingeschränkt zur Verfügung steht. Jedes ankommende Flugzeug j hat zwar eine „Wunschlandezeit" d_j, kann aber durch Anpassung der Geschwindigkeit etwas früher oder später landen. Allerdings kann ein Flug natürlich nicht beliebig früh eintreffen, so dass er nicht vor einem bestimmten Zeitpunkt r_j eingeplant werden darf. Andererseits darf ein Flugzeug auch nicht beliebig spät eingeplant werden, da ansonsten der Treibstoff eine kritische Menge unterschreiten würde. Daher gibt es für jeden Flug j einen festen Termin $\bar{d}_j$, zu dem er spätestens gelandet sein muss. Die Dauer, die ein Flugzeug für die Landung benötigt, hängt von der Größe des Flugzeugs ab. Für jedes Flugzeug j ist somit die Dauer p_j, in der die Landebahn blockiert ist, bekannt. Zusätzlich müssen zwischen zwei Flugzeugen Sicherheitsabstände beachtet werden, da ansonsten die Luftverwirbelungen des vorderen Flugzeugs eine Gefahr für das hintere Flugzeug darstellen. Diese Sicherheitsabstände hängen ebenfalls von der Größe der jeweiligen Flugzeuge ab. Folgt ein großes Flugzeug auf ein kleines, so ist der Sicherheitsabstand am kleinsten. Folgt hingegen ein kleines Flugzeug auf ein großes, so ist der Sicherheitsabstand am größten. Der Sicherheitsabstand zwischen zwei Flugzeugen j und k lässt sich durch den Parameter s_{jk} ausdrücken.

Insbesondere an der Bezeichnung der Parameter lässt sich bereits erkennen, dass hier eine Modellierung als Ablaufplanungsproblem möglich ist. Dabei stellt die Landebahn die einzige Ressource dar, auf der die „Aufträge", also die Flugzeuge, bearbeitet werden müssen. Es sind die Ankunftszeiten r_j, die „Liefertermine" d_j, die Fälligkeitszeitpunkte (Deadlines) $\bar{d}_j$ sowie reihenfolgeabhängige Rüstzeiten s_{jk} zu beachten. Das Ziel ist es, die Landezeiten so einzuplanen, dass für jeden Flug die Abweichung von d_j möglichst gering ist. Das Einplanen der Landung vor dem Wunschtermin wird also genauso bestraft wie die Landung nach dem Wunschtermin. Dies lässt sich durch die Zielfunktion

$$\sum_{j=1}^{n} |C_j - d_j| = \sum_{j=1}^{n} \underbrace{\max\{C_j - d_j, 0\}}_{\text{Terminüberschr.} T_j} + \underbrace{\max\{d_j - C_j, 0\}}_{\text{Frühzeitigkeit } E_j}$$

erreichen, die in der Dreifeldnotation meist mit $\sum(E_j + T_j)$ abgekürzt wird. Dies ist allerdings bereits eine Vereinfachung der in der Praxis gängigen Ziele, bei denen insbesondere die Nicht-Einhaltung bestimmter Zeitslots stark bestraft wird. Häufig ist es auch so, dass eine Verfrühung anders bestraft wird als eine Terminüberschreitung, was sich aber leicht durch eine Gewichtung darstellen lässt ($\sum(\alpha E_j + \beta T_j)$).

Als Ablaufplanungsproblem lässt sich das Problem der Landebahnnutzung also durch $1|r_j, \bar{d}_j, s_{jk}| \sum(E_j + T_j)$ darstellen. Der Vollständigkeit halber sei allerdings erwähnt, dass es sich bei diesem Anwendungsfall eher um einen Spezialfall von $1|r_j, \bar{d}_j, s_{jk}| \sum(E_j + T_j)$ handelt. Die Flugzeuge lassen sich hierbei in Flugzeugklassen (z.B. den jeweiligen Flugzeugtypen) einteilen, so dass die Bearbeitungszeiten p_j innerhalb einer Flugzeugklasse alle gleich sind. Auch die reihenfolgeabhängigen Rüstzeiten hängen nur vom Flugzeugtyp, nicht aber von dem jeweiligen Flugzeug ab.

Stahlherstellung als Flow Shop mit no-wait-Bedingung

Höhn et al. (2012) betrachten eine Problemstellung aus der Stahlindustrie. Mehrere Stahlgüsse müssen zunächst in einem Schmelzofen erhitzt werden und dann in einer für alle Einheiten gleichen Reihenfolge mehrere Arbeitsschritte durchlaufen. Für manche Arbeitsschritte stehen, zumindest in einigen Werken mehrere identische Maschinen zur Verfügung, von denen dann natürlich nur eine Maschine besucht werden muss. Die Bearbeitungsdauer eines Arbeitsschrittes ist von Guss zu Guss verschieden. Da der Stahl während dieser Arbeitsgänge stets geschmolzen sein muss, darf es zwischen zwei Arbeitsgängen keinerlei Pausenzeiten geben, die den Stahl abkühlen ließen.

Abschließend wird der flüssige Stahl beim Stranggießen zu Brammen verarbeitet. Das Stranggießen, was als letzter Arbeitsschritt bzw. als letzte „Maschine" aufgefasst werden kann, darf nicht unterbrochen werden. Tritt eine Unterbrechung ein, weil kein weiterer Stahl zur Verfügung steht, so muss die Stranggießanlage abgeschaltet und aufwändig gereinigt werden. Es ist daher das oberste Ziel, die Anzahl an Unterbrechungen auf der Stranggießanlage so gering wie möglich zu halten.

Die einzelnen Arbeitsschritte können hierbei als Maschinen aufgefasst werden, die von jedem Auftrag, der jeweils einem Stahlguss entspricht, durchlaufen werden müssen. Da die Reihenfolge der Arbeitsschritte für alle Aufträge gleich ist, liegt ein Flow Shop vor. Da es bei der Ausführung der Arbeitsschritte zudem zu keiner Verzögerung kommen darf, muss eine no-wait-Bedingung berücksichtigt werden. Der Fall, dass zur Ausführung eines Auftrags mehrere, identische Maschinen zur Auswahl stehen, wird in der wissenschaftlichen Literatur auch „flexibles Flow Shop" bezeichnet und in der Dreifeldnotation durch FF abgekürzt. Eine Besonderheit stellt in diesem Fall die Zielfunktion dar, die für Ablaufplanungsprobleme eher ungewöhnlich ist. Wir bezeichnen diese mit *interruption*. Das Problem der Stahlherstellung lässt sich daher durch das Ablaufplanungsproblem $Fm|nwt|interruption$ bzw. $FFm|nwt|interruption$ beschreiben.

Da sich die Zielfunktion zur Minimierung der Unterbrechungen stark von der Minimierung der Gesamtbearbeitungszeit unterscheidet, ist eine Untersuchung dieser Problemstellung unumgänglich. Höhn et al. (2012) zeigen dabei, dass das Problem $FF2|nwt|interruption$, bei dem also nur zwei Arbeitsschritte unternommen werden müssen, in polynomieller Zeit lösbar ist, sofern für den ersten Arbeitsschritt nur eine Maschine zur Verfügung steht. Sind hingegen drei Arbeitsschritte notwendig, so ist selbst das Problem $F3|nwt|interruption$ (und damit auch $FF3|nwt|interruption$) *NP*-schwer.

Eisenbahn-Fahrplangestaltung als Job Shop

In Anlehnung an Oliveira und Smith (2001) präsentieren wir abschließend eine Modellierung für die Erstellung von Fahrplänen im Zugverkehr. Zunächst sei zum allgemeinen Verständnis der Sicherheitsvorkehrungen

9.1. Anwendungsbeispiele

im Bahnverkehr auf den sogenannten Streckenblock eingegangen. Um zu verhindern, dass Züge kollidieren, ist das Schienennetz in kleinere Gleisabschnitte, die Streckenblöcke (bzw. gibt es analog den Bahnhofsblock), eingeteilt, in denen sich stets nur ein Zug befinden darf. Ein Zug darf den Block, in dem er sich befindet nur dann verlassen, wenn der zu befahrende Block leer ist. Ist dies nicht der Fall, muss er in seinem jetzigen Block warten. Dieses System wird sowohl auf Streckenabschnitten eingesetzt, die nur in eine Richtung befahren werden, als auch auf eingleisigen Trassen.

In der Fahrplanerstellung ist es üblich die Planung hierarchisch zu gestalten. Als erstes werden die Zugläufe der Personen- und Güterzüge festgelegt. Das heißt, dass für jeden Zug festgelegt wird, welche Streckenblöcke er zu durchfahren hat und in welcher Reihenfolge diese Blöcke durchfahren werden. Anschließend werden – zumindest bei den Personenzügen – auch Anschlusszüge festgelegt. Das bedeutet, dass ein Zug in seinem Startbahnhof erst losfahren darf, wenn ein anderer Zug dort eingetroffen ist. Auf Grundlage dieser Planung werden dann noch frühestmögliche Abfahrtszeiten und gegebenenfalls auch Wunschankunftszeiten bestimmt.

Es gilt nun festzulegen, in welcher Reihenfolge die einzelnen Züge die jeweiligen Streckenblöcke nutzen dürfen. Als Ziel kommt dabei häufig in Frage, dass die Züge alle möglichst schnell ihr Ziel erreichen. Dabei wird in der Regel eine Gewichtung vorgenommen, bei der überregionale Züge ein höheres Gewicht erhalten als regionale Züge, die wiederum höher gewichtet sind als Güterzüge. Liegen bereits Wunschankunftszeiten vor, so ist auch ein gängiges Ziel die (gewichteten) Terminüberschreitungen zu minimieren.

Für diese Problemstellung bietet sich eine Modellierung als Job Shop an. Die einzelnen Streckenblöcke werden dabei als die Maschinen aufgefasst. Die Züge entsprechen den Aufträgen, die die Maschinen in einer fest vorgegebenen Reihenfolge durchlaufen müssen. Der Umstand, dass ein Zug nicht jeden Streckenblock durchfahren muss, kann einfach durch eine „Bearbeitungszeit" (=Durchfahrdauer) von null Zeiteinheiten modelliert werden. Die restlichen Bearbeitungszeiten lassen sich leicht durch die Länge des Blocks, der Höchstgeschwindigkeit in dem Block und der Höchstgeschwindigkeit (bzw. der Regelgeschwindigkeit) des jeweiligen Zuges berechnen. Die Berücksichtigung von Anschlusszügen kann durch Vorrangbeziehungen erreicht werden. Durch die frühestmöglichen Abfahrtzeiten eine Zuges sind zudem in der Modellierung Ankunftszeiten r_j zu berücksichtigen. Je nachdem welche Zielsetzung verfolgt wird, liegt also ein Ablaufplanungsproblem der Form $Jm|r_j, prec| \sum w_j C_j$ oder der Form $Jm|r_j, prec| \sum w_j T_j$ vor.

Erwähnt werden muss in diesem Zusammenhang, dass diese Modellierung die Realität zum Teil nur unzureichend widerspiegelt. So erlaubt das Modell, dass ein Auftrag nach Bearbeitung auf einer Maschine (also ein Zug, der einen Streckenblock durchfahren hat) auf die Bearbeitung auf der nächsten Maschine warten kann ohne die bisherige Maschine zu blockieren. In der Realität ist das natürlich anders, da es keinen „Wartebereich" zwischen den Maschinen gibt.

Wird eine Zugfahrt inklusive aller Zwischenhalte als ein Auftrag gesehen, so können die Vorrangbeziehungen nicht garantieren, dass Zuganschlüsse bei Zwischenhalten gewährleistet werden. Das ließe sich zwar dadurch modellieren, dass eine Zugfahrt aus mehreren Aufträgen besteht, die jeweils ein Teilstück darstellen und die durch Vorrangbeziehungen verbunden sind. Dadurch würde allerdings die Anzahl an Aufträgen deutlich wachsen und die ohnehin schon große Instanz nochmals vergrößern.

9.2. Metastrategien

Metaheuristiken

Heuristiken garantieren keine optimale Lösung und für die allermeisten praktischen Probleme kann nicht einmal eine Gütegarantie angegeben werden. Das heißt, dass die gefundene Lösung sehr weit vom Optimum entfernt sein kann.

Ganz allgemein ist es daher bei der Auswahl einer (Meta-)Heuristik für ein Optimierungsproblem notwendig, auf die spezielle Struktur der Problemstellung zu achten, so dass diese von der Heuristik ausgenutzt werden kann. Führt z.B. eine kleine Veränderung einer Lösung zu einem ähnlichen Zielfunktionswert, so lassen sich mit der Suche nach lokalen Optima basierend auf einer Nachbarschaftssuche meist gute Ergebnisse erzielen. Dies ist bei manchen Ablaufplanungsproblemen der Fall. Führt hingegen eine kleine Veränderung der Lösung zu einem völlig anderen Zielfunktionswert, so könnte die Anwendung anderer Verfahren sinnvoll sein.

9.2. Metastrategien

Es lassen sich für ganz allgemeine Optimierungsprobleme keine Aussagen darüber treffen, ob eine Heuristik besser ist als eine andere (siehe Wolpert und Macready (1997)). Entsprechend gilt es in jedem Einzelfall zu entscheiden, welche Heuristik sinnvoll erscheint.

Im wesentlichen lassen sich Metaheuristiken in drei Klassen einteilen. Zunächst seien die von der Natur inspirierten Verfahren genannt. Darunter fallen z.B.

- genetische Algorithmen (siehe etwa Dorndorf und Pesch (1995), Cheng et al. (1996) und Cheng et al. (1999) zur Anwendung auf Job Shops),
- Ameisenalgorithmen (siehe Dorigo und Blum (2005) für eine allgemeine Übersicht und Merkle et al. (2002) für eine Anwendung auf das RCPSP) und
- Simulated Annealing (siehe Koulamas et al. (1994) und Suman und Kumar (2006) für eine allgemeine Übersicht und van Laarhoven et al. (1992) für eine Anwendung auf Job Shops).

Eine zweite Klasse stellen Vereinfachungen von exakten Verfahren dar. Zu nennen ist hierbei

- Truncated Branch-and-Bound, das Anwendung auf das RCPSP erfährt (Dorndorf et al. (2000), Franck et al. (2001), Dorndorf (2002)) und
- Beam-Search, das u.a. auf der Dynamischen Programmierung basiert (siehe Ow und Morton (1988) für eine allgemeine Übersicht, Sabuncuoglu und Bayiz (1999) für eine Anwendung auf Job Shops und Ghirardi und Potts (2005) für eine Anwendung auf nicht verwandte parallele Maschinen (Qm)).

Beide Klassen werden wir in diesem Buch nicht weiter betrachten. Des weiteren gibt es auf einer lokalen Suche (Nachbarschaft) basierende Verfahren. Dazu gehört neben dem bereits erwähnten Simulated Annealing der einfache Bergsteigeralgorithmus (Hill-Climbing), den wir im Folgenden beschreiben. Darauf aufbauend erwähnen wir kurz die Funktionsweise einer Tabusuche (Glover (1989), Glover (1990)) und von Ejection-Chains (Glover und Rego (2006)).

Definition 9.1 (Nachbarschaft)
Gegeben sei ein Optimierungsproblem (z.B. ein Ablaufplanungsproblem). Weiter sei eine Funktion gegeben, die jeder zulässigen Lösung S ei-

ne Menge von zulässigen Lösungen zuordnet. Dann heißt diese Menge Nachbarschaft von S und ein Element dieser Menge wird Nachbar von S genannt.

Beispiel 9.2
Gegeben sei ein Einmaschinen-Ablaufplanungsproblem $1|\beta|\gamma$. S sei ein zugehöriger Ablaufplan. Eine Nachbarschaft könnte z.B. alle Ablaufpläne enthalten, die sich ausgehend von S durch Vertauschen zweier benachbarter Aufträge ergeben. Sei $S = (1, 2, 3, \ldots, n-1, n)$, so gibt es $n-1$ Nachbarlösungen (sofern diese nicht durch β eingeschränkt sind) $(2, 1, 3, 4, \ldots, n-1, n)$, $(1, 3, 2, 4, \ldots, n-1, n)$, $\ldots$, sowie $(1, 2, 3, 4, \ldots, n, n-1)$

Eine andere mögliche Nachbarschaft wären alle Ablaufpläne, die sich durch Vertauschen zweier beliebiger Aufträge ergeben.

Durch die Definition einer derartigen Nachbarschaft ergibt sich unmittelbar ein intuitives Verfahren.

Algorithmus 13 (Bergsteigeralgorithmus – Hill-Climbing):

1. **Initialisierung:** Bestimme mittels einer Prioritätsregel eine Startlösung S.

2. **Nachbarschaftssuche:** Sei S' die Lösung aus der Nachbarschaft von S mit dem besten Zielfunktionswert.

3. **Stoppkriterium:** Hat S' einen besseren Zielfunktionswert als S, so setze $S = S'$ und gehe zu Schritt 2. Sonst stopp.

Der Nachteil des Bergsteigeralgorithmus ist, dass er einem lokalen Optimum nicht entweichen kann. Diesem Nachteil versuchen die Tabusuche und das Ejection-Chain Verfahren entgegen zu wirken. Der dritte Schritt des Bergsteigeralgorithmus wird derart abgewandelt, dass S' selbst dann als neue Lösung akzeptiert wird, selbst wenn sich dadurch der Zielfunktionswert verschlechtert. Damit man in der nächsten Iteration nicht direkt zur vorherigen Lösung zurückkehrt, wird die entsprechende Veränderung der Lösung „tabu" gesetzt. Bei der Tabusuche bleibt eine derartige Veränderung eine bestimmte Anzahl von Iterationen tabu. Bei dem Ejection-Chain Verfahren werden sukzessive alle Veränderungen tabu gesetzt und unter den in dieser Kette gefundenen Lösungen wird die beste als neue Lösung akzeptiert. Eine erste Anwendung von Ejection-Chains auf Job Shops findet sich bei Dorndorf und Pesch (1994).

Exakte Verfahren

Exakte Lösungsverfahren spielen ob der häufig sehr komplexen Problemstellungen in der Praxis eine eher untergeordnete Rolle. Nichtsdestotrotz ist ihr Einsatz bei greifbaren Problemstellungen, bei denen zudem selbst ein marginaler Zielfunktionsgewinn von hoher Bedeutung ist, unverzichtbar.

Die zwei bekanntesten allgemein anwendbaren exakten Verfahren sind die Dynamische Programmierung und Branch-and-Bound. Wir betrachten nur letzteres Verfahren. Branch-and-Bound basiert auf der Idee, dass das Durchsuchen sämtlicher Ablaufpläne irgendwann zwangsläufig auch den optimalen Ablaufplan zum Vorschein bringt. Da die Anzahl aller Ablaufpläne in der Regel extrem groß ist (z.b. gibt es bei $1||\gamma$ insgesamt $n!$ Ablaufpläne), werden Mengen von Ablaufplänen nicht betrachtet, in denen das Optimum ausgeschlossen werden kann (das sogenannte Beschränken oder Bounding). Um tatsächlich sämtliche Ablaufpläne abzudecken, wird das Ursprungsproblem in einer Fallunterscheidung in mehrere kleinere Probleme zerteilt (das sogenannte Verzweigen oder Branching).

Wir gehen wie bisher davon aus, dass das Branch-and-Bound Verfahren auf eine Problemstellung mit zu minimierender Zielfunktion angewendet wird.

Algorithmus 14 (Branch-and-Bound):

1. **Initialisierung:** Bestimme mittels einer Heuristik eine zulässige Lösung und speichere diese als beste Lösung. Der Zielfunktionswert $f^{(UB)}$ ist eine obere Schranke (upper bound) des optimalen Zielfunktionswertes.

2. **Verzweige:** Teile das Problem in Teilprobleme auf. Führe für jedes Teilproblem Schritt 3 aus.

3. **Beschränke:** Ermittle für das Teilproblem eine untere Schranke $f^{(LB)}$ (lower bound) des Zielfunktionswertes. Falls $f^{(LB)} \geq f^{(UB)}$, so kann dieses Teilproblem keine verbesserte Lösung liefern und muss nicht weiter betrachtet werden. Falls $f^{(LB)} < f^{(UB)}$, so gehe zu Schritt 4.

4. **Iteration:** Löse das Teilproblem exakt (z.B. durch Anwenden von Branch-and-Bound auf dieses Problem). Führt dieses Teilproblem

zu einer Lösung mit Zielfunktionswert $f < f^{(UB)}$, so speichere diese Lösung als beste Lösung und setze $f^{(UB)} := f$.

Diese sehr allgemeine Beschreibung bedarf natürlich in jedem Einzelfall eine genaue Spezifizierung. Die Heuristik in Schritt 1 muss gewählt werden und es gilt zu klären, wie ein Problem aufgeteilt wird und wie die untere Schranke eines Teilproblems zu berechnen ist.

Das Verzweigen geschieht in Ablaufplanungsproblemen in der Regel derart, dass eine Fallunterscheidung vorgenommen wird, welcher Auftrag auf einer Maschine als erstes durchgeführt werden soll (natürlich funktioniert es auch nach dem letzten Auftrag auf einer Maschine zu verzweigen, was in manchen Fällen sehr sinnvoll ist).

Das Bestimmen einer Schranke kann dagegen nur problemspezifisch geschehen. Allgemein wird versucht ein relaxiertes Problem zu lösen. D.h. dass das Problem vereinfacht wird (z.B. durch Weglassen einer Nebenbedingung) und dann leichter lösbar ist.

Beispiel 9.3 ($1|r_j|L_{\max}$)

Das Problem $1|r_j|L_{\max}$ ist bekanntlich NP-schwer. Als Startlösung könnte der mittels Prioritätsregel (sortiere nach Ankunftszeiten) ermittelte Ablaufplan herangezogen werden.

Das Problem $1|r_j, pmtn|L_{\max}$, das in polynomieller Zeit lösbar ist, ist eine Relaxierung von $1|r_j|L_{\max}$. Dabei wird die Nebenbedingung, dass ein Auftrag nicht unterbrochen werden darf, aufgehoben. Da jeder Ablaufplan von $1|r_j|L_{\max}$ auch als Ablaufplan für $1|r_j, pmtn|L_{\max}$ verwendet werden kann, ist der optimale Ablaufplan von $1|r_j|L_{\max}$ niemals besser als der von $1|r_j, pmtn|L_{\max}$.

Durch diese Spezifizierungen lässt sich die Instanz

j	1	2	3	4
p_j	4	5	2	3
r_j	0	1	2	5
d_j	11	10	9	8

wie folgt lösen:

Die Startlösung $(1, 2, 3, 4)$ liefert einen Zielfunktionswert von $L_{\max}^{(UB)} = 6$. Die Lösung des relaxierten Problems (siehe den Hinweis auf Seite 45 zum Algorithmus 3) liefert $L_{\max}^{(LB)} = 3$, so dass der optimale Wert zwischen 3 und 6 liegen muss. Zur weiteren Untersuchung wird das Problem verzweigt, indem der erste Auftrag festgelegt wird.

1. **Fall:** Als erstes wird Auftrag 1 eingeplant: $(1, \cdot, \cdot, \cdot)$
   Das relaxierte Problem, das nun Auftrag 1 komplett als erstes ausführt und die restlichen Aufträge mit Unterbrechungen ausführen darf, führt zu einem Zielfunktionswert von $L_{\max}^{(LB)} = 4$. Das Problem muss also weiter verzweigt werden.

   Fall 1.1: Als zweites wird Auftrag 2 eingeplant: $(1, 2, \cdot, \cdot)$
   In diesem Fall liefert das relaxierte Problem den Ablaufplan $(1, 2, 4, 3)$ mit Zielfunktionswert $L_{\max}^{(LB)} = 5$. Es ist zu beachten, dass bei diesem Ablaufplan kein Auftrag unterbrochen ist. Daher haben wir eine verbesserte Lösung gefunden, speichern $(1, 2, 4, 3)$ als neue beste Lösung und setzen $L_{\max}^{(UB)} = 5$.

   Fall 1.2: Als zweites wird Auftrag 3 eingeplant: $(1, 3, \cdot, \cdot)$
   Das relaxierte Problem liefert $(1, 3, 4, 2)$ mit Zielfunktionswert $L_{\max}^{(LB)} = 4$. Diese Ablaufplan bedarf ebenfalls keiner Unterbrechung, so dass er als neue beste Lösung gewählt werden kann und $L_{\max}^{(UB)} = 4$ gesetzt wird.

   Fall 1.3: Als zweites wird Auftrag 4 eingeplant: $(1, 4, \cdot, \cdot)$
   Das relaxierte Problem, bei dem beachtet werden muss, dass Auftrag 4 wegen seiner Ankunftszeit nicht direkt nach Beendigung von Auftrag 1 beginnen kann, liefert $L_{\max}^{(LB)} = 5 \geq L_{\max}^{(UB)} = 4$ und muss nicht weiter betrachtet werden.

2. **Fall:** Als erstes wird Auftrag 2 eingeplant: $(2, \cdot, \cdot, \cdot)$
   Beachte, dass Auftrag 2 erst zum Zeitpunkt 1 beginnen darf. Das relaxierte Problem liefert $L_{\max}^{(LB)} = 4 \geq L_{\max}^{(UB)} = 4$ und muss nicht weiter betrachtet werden.

3. **Fall:** Als erstes wird Auftrag 3 eingeplant: $(3, \cdot, \cdot, \cdot)$
   Das relaxierte Problem liefert $L_{\max}^{(LB)} = 5 \geq L_{\max}^{(UB)} = 4$ und muss nicht weiter betrachtet werden.

4. **Fall:** Als erstes wird Auftrag 4 eingeplant: $(4, \cdot, \cdot, \cdot)$
   Das relaxierte Problem liefert $L_{\max}^{(LB)} = 8 \geq L_{\max}^{(UB)} = 4$ und muss nicht weiter betrachtet werden.

Der optimale Ablaufplan ist also $(1, 3, 4, 2)$ mit Zielfunktionswert 4.

Beispiel 9.4 $(1|| \sum T_j)$
Wir gehen wieder davon aus, dass die Startlösung durch eine Prioritätsregel (hier Lieferterminregel, EDD) erzeugt wird. Das Berechnen einer unteren Schranke kann wie folgt durchgeführt werden.

Betrachte folgende Variante des ursprünglichen Problems: Angenommen, wir „verschieben" den Fälligkeitszeitpunkt eines Auftrags um einige Zeiteinheiten nach hinten. Durch diese Änderung kann sich der optimale Zielfunktionswert natürlich nicht verschlechtern und wir erhalten eine untere Schranke. Sei d der späteste Fälligkeitszeitpunkt aller noch nicht eingeplanter Aufträge. Wenn wir nun die Fälligkeitszeitpunkte aller noch nicht eingeplanter Aufträge auf d verschieben, erhalten wir eine Instanz des Problems $1|d_j = d| \sum T_j$, das sich leicht mittels der SPT-Regel lösen lässt (Satz 4.12). Wir nutzen diese Schranke in folgender Instanz.

j	1	2	3	4
p_j	12	8	15	9
d_j	16	26	25	27

Da noch kein Auftrag fest eingeplant ist, wird $d = 27$ gewählt. Einplanen der Aufträge nach der SPT-Regel führt dann zu $C_1 = 29$, $C_2 = 8$, $C_3 = 44$ und $C_4 = 17$ und zu der unteren Schranke $(\sum T_j)^{(LB)} = 19$.

Die zulässige Startlösung nach der Lieferterminregel $(1, 3, 2, 4)$ führt zu einem Zielfunktionswert $(\sum T_j)^{(UB)} = 28$.

Als Verzweigungsregel bietet es sich hier an, das Festlegen der Aufträge vom Ende her zu gestalten. Das hat zwei Gründe. Zum einen ist das Vorgehen relativ einfach möglich, da der Zeitpunkt der Fertigstellung aller Aufträge in dieser Problemstellung unabhängig vom Ablaufplan ist ($C_{\max} = \sum p_j = 44$). Im Beispiel 9.3 war das nicht der Fall. Zum anderen können sehr schnell viele Fälle bei der Beschränkung ausgeschlossen werden. Wird z.B. Auftrag 1 als letztes eingeplant, erhält dieser Auftrag auf Grund seines frühen Liefertermins sofort eine große Verspätung.

1. **Fall:** Auftrag 1 wird als letztes eingeplant: $(\cdot, \cdot, \cdot, 1)$
   Allein die Terminverspätung von Auftrag 1 ($T_1 = C_1 - d_1 = 44 - 16 = 28$) führt dazu, dass dieses Teilproblem keine verbesserte Lösung liefern kann.

2. **Fall:** Auftrag 2 wird als letztes eingeplant: $(\cdot, \cdot, \cdot, 2)$
   Auftrag 2 hat eine Verspätung von $T_2 = 18$. Berechnung der unteren Schranke für die restlichen Aufträge: $d = 27$. Einsortieren nach

9.2. Metastrategien

SPT-Regel führt zu $T_4 = 0$, $T_1 = 0$, $T_3 = 9$. Somit erhalten wir die untere Schranke $(\sum T_j)^{(LB)} = 18 + 9 = 27$ und müssen weiter verzweigen.

Fall 2.1: Auftrag 1 wird als vorletztes eingeplant: $(\cdot, \cdot, 1, 2)$
$T_1 = 20$, $T_2 = 18$. $T_1 + T_2 = 38 \geq (\sum T_j)^{(UB)} = 28$

Fall 2.2: Auftrag 3 wird als vorletztes eingeplant: $(\cdot, \cdot, 3, 2)$
$T_3 = 11$, $T_2 = 18$. $T_3 + T_2 = 29 \geq (\sum T_j)^{(UB)} = 28$

Fall 2.3: Auftrag 4 wird als vorletztes eingeplant: $(\cdot, \cdot, 4, 2)$
$T_4 = 9$, $T_2 = 18$. Die untere Schranke liefert $d = 25$ mit $T_1 = 0$ und $T_3 = 2$. Somit gilt $(\sum T_j)^{(LB)} = 9 + 18 + 2 = 29 \geq (\sum T_j)^{(UB)} = 28$

3. Fall: Auftrag 3 wird als letztes eingeplant: $(\cdot, \cdot, \cdot, 3)$
Es gilt $T_3 = 19$. Die untere Schranke liefert $d = 27$ mit $T_2 = 0$, $T_4 = 0$ und $T_1 = 2$. $(\sum T_j)^{(LB)} = 21$. Es wird weiter verzweigt.

Fall 3.1: Auftrag 1 wird als vorletztes eingeplant: $(\cdot, \cdot, 1, 3)$
$T_3 = 19$, $T_1 = 13$. $T_1 + T_3 = 32 \geq (\sum T_j)^{(UB)} = 28$

Fall 3.2: Auftrag 2 wird als vorletztes eingeplant: $(\cdot, \cdot, 2, 3)$
$T_3 = 19$, $T_2 = 3$. Die untere Schranke liefert $d = 27$ mit $T_4 = 0$ und $T_1 = 0$. $(\sum T_j)^{(LB)} = 22$. Es wird weiter verzweigt.

Fall 3.2.1: Auftr. 1 wird als drittletztes eingeplant: $(4, 1, 2, 3)$
Zielfunktionswert 27. Neue beste Lösung! $(\sum T_j)^{(UB)} = 27$

Fall 3.2.2: Auftr. 4 wird als drittletztes eingeplant: $(1, 4, 2, 3)$
Zielfunktionswert 22. Neue beste Lösung! $(\sum T_j)^{(UB)} = 22$

Fall 3.3: Auftrag 4 wird als vorletztes eingeplant: $(\cdot, \cdot, 4, 3)$
$T_3 = 19$, $T_4 = 2$. Die untere Schranke liefert $d = 26$ mit $T_2 = 0$ und $T_1 = 0$. $(\sum T_j)^{(LB)} = 21$. Es wird weiter verzweigt.

Fall 3.3.1: Auftr. 1 wird als drittletztes eingeplant: $(2, 1, 4, 3)$
Zielfunktionswert 25. Keine verbesserte Lösung!

Fall 3.3.2: Auftr. 2 wird als drittletztes eingeplant: $(1, 2, 4, 3)$
Zielfunktionswert 21. Neue beste Lösung! $(\sum T_j)^{(UB)} = 21$

4. Fall: Auftrag 4 wird als letztes eingeplant: $(\cdot, \cdot, \cdot, 4)$
Es gilt $T_4 = 17$. Die untere Schranke liefert $d = 26$ mit $T_2 = 0$, $T_1 = 0$ und $T_3 = 10$. Somit gilt $(\sum T_j)^{(LB)} = 10 + 17 = 27 \geq (\sum T_j)^{(UB)} = 21$

Der optimale Ablaufplan ist also $(1, 2, 4, 3)$ mit Zielfunktionswert 21.

A. Aufgabensammlung

Aufgabe 1:
Ergänzen Sie die in der Einleitung (Seite 3) begonnene Liste von möglichen Ressourcen-Auftrags-Kombinationen, die die genannten Annahmen erfüllen. Finden Sie mindestens fünf weitere Beispiele.

Aufgabe 2:
Gegeben sei eine Maschine auf der n Aufträge durchgeführt werden müssen. Ein Auftrag $j \in \{1,\ldots,n\}$ hat Bearbeitungszeit p_j und C_j sei der Zeitpunkt, an dem der Auftrag fertiggestellt wird. Wie müssen die Aufträge angeordnet werden, so dass die Summe der Fertigstellungszeitpunkte $\sum_{j=1}^{n} C_j$ minimal ist? Begründen Sie die Optimalität Ihrer Lösung.

Aufgabe 3:
Führen Sie den Algorithmus von Moore (Algorithmus 1) für folgendes Beispiel durch und zeichnen Sie den Ablaufplan anschließend mit Hilfe eines Gantt-Diagramms.

j	1	2	3	4	5	6	7	8	9
p_j	3	2	6	8	3	5	6	4	3
d_j	12	12	30	28	11	10	20	6	14

Tipp: Beachten Sie die notwendige Vorsortierung der Aufträge.

Aufgabe 4:
Beschreiben Sie die Ablaufplanungsprobleme aus Beispiel 1.1, Beispiel 1.3 und Aufgabe 2 mit Hilfe der Dreifeldnotation.

Aufgabe 5:
Geben Sie mit Hilfe der Dreifeldnotation fünf Ablaufplanungsprobleme an, die leicht lösbar sind (es dürfen auch triviale Problemstellungen sein). Wie sehen die optimalen Ablaufpläne aus?

Aufgabe 6:
Gegeben sei das Problem $1||\gamma$ mit 9 Aufträgen und folgenden Bearbeitungszeiten, Lieferterminen und Gewichten.

j	1	2	3	4	5	6	7	8	9
p_j	7	9	9	4	4	2	8	2	5
d_j	6	9	18	25	34	39	43	48	52
w_j	7	3	1	1	3	2	4	10	10

Weiter sei ein Ablaufplan mit $S(j) = j$ für alle $j \in \{1, \ldots, n\}$ gegeben.

a) Geben Sie für alle acht im zweiten Kapitel genannten Ziele die in diesem Fall vorliegenden Zielfunktionswerte an.

b) Sei nun der Ablaufplan $S'(j) = n + 1 - j$ für alle $j \in \{1, \ldots, n\}$ gegeben (umgekehrte Reihenfolge). Geben Sie erneut alle Zielfunktionswerte an.

Aufgabe 7:
Betrachte folgende Instanz des Ablaufplanungsproblems $P4||C_{\max}$:

j	1	2	3	4	5	6	7	8	9	10	11
p_j	1	3	3	8	8	8	8	12	13	14	22

Bestimmen Sie den optimalen Ablaufplan.

Aufgabe 8:
Vier Aufträge ($n = 4$) sind auf zwei Maschinen ($m = 2$) mit folgenden Bearbeitungszeiten auszuführen.

j	1	2	3	4
p_{1j}	11	14	5	4
p_{2j}	6	11	1	12

Bestimmen Sie für alle Maschinen optimale Sequenzen und geben Sie den Zielfunktionswert für die folgenden Probleme an:

a) $F2|prmu|C_{\max}$

b) $F2|nwt|C_{\max}$

c) $O2||C_{\max}$

d) $J2||C_{\max}$
Hierbei müssen Aufträge 1 und 4 als erstes auf Maschine 1 bearbeitet werden und Aufträge 2 und 3 müssen zuerst auf Maschine 2 bearbeitet werden.

Aufgabe 9:
Betrachten Sie folgendes (bisher nicht erwähntes) Ziel eines Ablaufplans. $\sum L_j$, die Summe der Verspätungen. Zeigen Sie, dass die Minimierung von $\sum L_j$ genau der Minimierung von $\sum C_j$ entspricht.

Aufgabe 10 (siehe Pinedo (2012), Seite 65):
Für das Problem $1||L_{\max}$ lässt sich folgendes Verfahren anwenden. Zu jedem Zeitpunkt t, wenn die Maschine zur Verfügung steht (ganz zu Beginn ($t = 0$) und jeweils nach Beendigung eines Auftrags) wird der Auftrag als nächstes gewählt, bei dem der Wert

$$\max\{0, d_j - p_j - t\}$$

minimal ist (sogenannte „Minimaler-Schlupf-Regel"). Zeigen Sie mit Hilfe eines Gegenbeispiels, dass der so gefundene Ablaufplan nicht zwingend optimal ist.

Aufgabe 11:
Wir betrachten erneut das Problem $1||L_{\max}$, wobei wir stets von $p_j \in \mathbb{N}$ für alle $j \in \{1, \ldots, n\}$ ausgehen.

a) Formulieren Sie das Problem als Entscheidungsproblem.

b) Angenommen wir betrachten eine Instanz, bei der die Summe aller Bearbeitungszeiten 128 ist. Der Auftrag mit dem frühesten Liefertermin hat seinen Liefertermin bereits zum Zeitpunkt 1. Geben Sie eine untere und eine obere Schranke für den optimalen Zielfunktionswert an.

c) Angenommen, Sie möchten das Optimierungsproblem aus b) mit Hilfe der sukzessiven Anwendung des Entscheidungsproblems aus a) lösen. Geben Sie an, wie die Zielwerte des Entscheidungsproblems zu wählen sind, so dass sich das Optimierungsproblem mit der Durchführung möglichst weniger Entscheidungsprobleme lösen lässt.

Aufgabe 12:
Betrachte folgendes Entscheidungsproblem:
INSTANZ: Gegeben zwei ganze Zahlen $a, b \in \mathbb{Z}$.
FRAGE: Ist $a \leq b$?

a) Modellieren Sie dieses Problem mit Hilfe einer formalen Sprache, indem Sie das Alphabet und die Sprache angeben.

b) Gehen wir nun davon aus, dass $a, b \in \{1, 2, 3\}$. Geben Sie für diese Problemstellung erneut ein passendes Alphabet an, geben Sie die Menge der Wörter auf diesem Alphabet an (beschränken Sie sich auf Wörter mit genau 3 Symbolen) und geben Sie alle Elemente der Sprache an.

Aufgabe 13:
Betrachte folgende Turingmaschine auf dem Alphabet der Dezimalziffern und zusätzlichem Trennsymbol ($\Sigma = \{0, 1, \ldots, 9, ;\}$). Es gebe folgende Zustände $Q = \{q_0, q_1, q_2, q_3, q_Y, q_N\}$ und die folgende Übergangsfunktion δ, die als Eingabe einen Zustand q_i und ein Symbol γ erhält.

	$\gamma =$			
	0	1,2,...,9	;	$\square$
q_0	$(q_0, 0, \rightarrow)$	$(q_0, \gamma, \rightarrow)$	$(q_0, ;, \rightarrow)$	$(q_1, \square, \leftarrow)$
q_1	$(q_1, 9, \leftarrow)$	$(q_2, \gamma - 1, \leftarrow)$	$(q_N, ;, \leftarrow)$	$(q_N, \square, \leftarrow)$
q_2	$(q_2, 0, \leftarrow)$	$(q_2, \gamma, \leftarrow)$	$(q_3, ;, \leftarrow)$	$(q_N, \square, \leftarrow)$
q_3	$(q_3, 9, \leftarrow)$	$(q_0, \gamma - 1, \rightarrow)$	$(q_N, ;, \leftarrow)$	$(q_Y, \square, \rightarrow)$

a) Vollziehen Sie die Rechenschritte der Maschine für die Eingabe $101; 2$ nach, indem Sie in jedem Schritt die aktuellen Werte des Speicherstreifens, den Zustand und die Position des Schreib-Lese-Kopfes angeben.

b) Welcher Endzustand wird erreicht, wenn die Eingabe $1; 2$ ist?

c) Welcher Endzustand wird erreicht, wenn die Eingabe $1; 1$ ist?

d) Beschreiben Sie (kurz), welche Bedeutung die Zustände haben.

e) Welches Entscheidungsproblem löst diese Maschine?

f) Wie viele Schritte benötigt die DTM maximal, wenn die Anzahl der Eingabesymbole

- gleich 1 ist,
- gleich 3 ist.

g) Ist die Laufzeit der DTM polynomiell oder exponentiell?

h) Wie ließe sich die DTM (noch) verbessern?

Aufgabe 14:
Wir betrachten eines der bekanntesten NP-vollständigen Probleme, das sogenannte Partitionsproblem (Garey und Johnson (1979)):
INSTANZ: Gegeben eine Menge A und für jedes Element $a \in A$ die „Größe" dieses Elements $p_a \in \mathbb{N}$.
FRAGE: Gibt es eine Teilmenge $A' \subset A$, so dass

$$\sum_{a \in A'} p_a = \sum_{a \in A \setminus A'} p_a?$$

Es soll also eine Teilmenge gewählt werden, so dass die Summe der Größen der Elemente genau der Summe der Größen der verbleibenden Elemente entspricht.

Zeigen Sie, dass sich das Partitionsproblem auf $P2||C_{\max}$ reduzieren lässt. Nehmen Sie dazu an, dass es einen Lösungsweg (z.B. eine DTM) für $P2||C_{\max}$ gibt. Zeigen sie, dass sich jede Instanz des Partitionsproblems mit Hilfe dieses Lösungsweges lösen lässt, indem die Instanz in eine Instanz des Problems $P2||C_{\max}$ umgewandelt wird.

Aufgabe 15:
Bei dem Zuordnungsproblem soll jedes der n Elemente einer Menge A einem der n Elemente einer Menge B zugeordnet werden. Wird ein Element $j \in A$ einem Element $k \in B$ zugeordnet, so entstehen Kosten in Höhe von c_{jk}. Gesucht ist die Zuordnung, bei der die Gesamtkosten möglichst gering sind.

a) Zeigen Sie, dass sich das Problem $1|p_j = 1|\sum w_j T_j$ als Zuordnungsproblem formulieren lässt. Überlegen Sie sich dazu insbesondere, in welcher Weise bei $1|p_j = 1|\sum w_j T_j$ eine Zuordnung stattfinden könnte und wie die entsprechenden Mengen A und B dann aussehen.

b) Das Zuordnungsproblem liegt in P. Welche Aussage ist durch die Bearbeitung von Aufgabenteil a) nun über $1|p_j = 1|\sum w_j T_j$ möglich?

Aufgabe 16:
Gegeben seien die folgenden sieben Aufträge mit zugehörigen Bearbeitungszeiten und Gewichten.

j	1	2	3	4	5	6	7
p_j	6	7	4	4	9	4	20
w_j	12	6	0	4	7	7	19

Gehen Sie davon aus, dass Sie nur eine Maschine zur Verfügung haben und die gewichtete Durchlaufzeit minimieren möchten ($1 || \sum w_j C_j$). Geben Sie die optimale Reihenfolge der Aufträge sowie den Zielfunktionswert an.

Aufgabe 17:
Lösen Sie die folgende Instanz des Problems $1|r_j|C_{\max}$ und zeichnen Sie einen optimalen Ablaufplan als Gantt-Diagramm.

j	1	2	3	4	5	6	7
p_j	3	6	6	5	4	8	9
r_j	0	16	8	12	0	20	25

Aufgabe 18:
Lösen Sie die folgende Instanz des Problems $1|prec|C_{\max}$ und zeichnen Sie einen optimalen Ablaufplan als Gantt-Diagramm. (Die angegebenen Liefertermine sind für eine spätere Aufgabe von Bedeutung)

j	1	2	3	4	5	6	7
p_j	3	6	6	5	4	8	9
d_j	36	28	22	20	35	44	30

Dabei gibt es folgende Vorrangbeziehungen: $1 \to 6$ (Auftrag 6 darf erst starten, wenn Auftrag 1 beendet ist), $2 \to 1$, $2 \to 7$, $3 \to 1$, $3 \to 5$, $3 \to 6$, $4 \to 3$, $7 \to 1$, $7 \to 5$

Aufgabe 19:
Lösen Sie die folgende Instanz des Problems $1|r_j, pmtn| \sum C_j$ und zeichnen Sie einen optimalen Ablaufplan als Gantt-Diagramm. (Die angegebenen Liefertermine sind für eine spätere Aufgabe von Bedeutung)

j	1	2	3	4	5	6	7
p_j	5	6	6	5	10	8	9
r_j	0	16	8	12	0	20	25
d_j	35	25	20	18	30	31	49

Aufgabe 20:
Betrachten Sie erneut die Zahlenwerte aus Aufgabe 18. Lösen Sie die dortige Instanz des Problems $1|prec|L_{\max}$ und geben Sie den Zielfunktionswert an.

Aufgabe 21:
Betrachten Sie erneut die Zahlenwerte aus Aufgabe 19. Lösen Sie die dortige Instanz des Problems $1|r_j, pmtn|L_{\max}$ und zeichnen Sie einen optimalen Ablaufplan als Gantt-Diagramm.

Aufgabe 22:
Gegeben sei folgende Instanz der Problems $1||\sum w_j U_j$.

j	1	2	3	4	5	6	7
p_j	3	7	8	8	10	10	12
w_j	12	12	8	7	7	6	3
d_j	21	10	25	23	30	33	20

a) Überprüfen Sie zunächst, ob die Bearbeitungszeiten und Gewichte in den Aufgaben 6 und 16 übereinstimmend (agreeable) sind.

b) Zeigen Sie, dass in dieser Aufgabe übereinstimmende Bearbeitungszeiten und Gewichte (agreeable) vorliegen.

c) Lösen Sie diese Instanz des Problems $1||\sum w_j U_j$ und geben Sie den Zielfunktionswert an.

Aufgabe 23 (siehe Pinedo (2012), Seite 143):
Betrachte das Problem $P6||C_{\max}$ mit folgenden 13 Aufträgen.

j	1	2	3	4	5	6	7	8	9	10	11	12	13
p_j	6	6	6	7	7	8	8	9	9	10	10	11	11

Finden Sie einen Ablaufplan mittels der LPT-Regel und bestimmen Sie einen optimalen Ablaufplan.

Aufgabe 24:
Geben Sie eine Instanz für das Problem $P4||C_{\max}$ an, bei der die LPT-Regel die maximale Abweichung vom Optimum annimmt (Satz 5.5). Zeichnen Sie jeweils ein Gantt-Diagramm, das den Ablaufplan der LPT-Regel und den optimalen Ablaufplan darstellt.

Aufgabe 25:
Wir betrachten erneut die Zahlenwerte aus Aufgabe 23. Bestimmen Sie jeweils einen optimalen Ablaufplan für die folgenden Probleme und zeichnen Sie diese als Gantt-Diagramme.

a) $P6|pmtn|C_{\max}$

b) $P8|pmtn|C_{\max}$

c) $P10|pmtn|C_{\max}$

Tipp: Beachten Sie, welche Nummerierung der Aufträge zur Lösung dieser Probleme vorausgesetzt wird.

Aufgabe 26:
Lösen Sie das Problem $P6||\sum C_j$, wieder ausgehend von den Zahlenwerten aus Aufgabe 23. Zeichnen Sie ein Gantt-Diagramm und geben Sie den Zielfunktionswert an.

Aufgabe 27:
Gegeben die folgende Instanz des Ablaufplanungsproblems $P4||\sum w_j C_j$:

j	1	2	3	4	5	6	7
p_j	3	6	6	5	4	8	9
w_j	0	6	4	2	2	7	4

a) Lösen Sie das Problem mit der WSPT-Regel, zeichnen Sie den resultierende Ablaufplan und geben Sie den Zielfunktionswert an.

b) Bestimmen Sie einen besseren als den in a) gefundenen Ablaufplan, zeichnen Sie diesen und geben Sie den Zielfunktionswert an.

Aufgabe 28:
Betrachte folgende Instanz des Ablaufplanungsproblems $F4|prmu|C_{\max}$, bei dem die Aufträge wie gewohnt die Maschinen in der Reihenfolge von 1 bis 4 zu durchlaufen haben. Gegeben sei der Ablaufplan $S(j) = j$ für alle $j \in \{1, 2, 3, 4, 5\}$.

j	1	2	3	4	5
p_{1j}	3	5	1	6	4
p_{2j}	6	3	0	6	9
p_{3j}	1	3	4	2	12
p_{4j}	4	6	3	9	1

Anhang A. Aufgabensammlung   123

Bestimmen Sie die Fertigstellungszeitpunkte C_{ij} für $i \in \{1,\ldots,4\}, j \in \{1,\ldots,5\}$, die Fertigstellungszeitpunkte C_j für $j \in \{1,\ldots,5\}$ sowie den Zielfunktionswert.

Aufgabe 29:
Betrachte folgende Instanz des Ablaufplanungsproblems $F2||C_{\max}$.

j	1	2	3	4	5	6	7	8
p_{1j}	3	5	3	4	2	4	3	8
p_{2j}	2	8	1	9	5	4	7	6

Lösen Sie das Problem mit Johnsons Algorithmus und geben Sie den Zielfunktionswert an.

Aufgabe 30:
In Ihrem Unternehmen werden in vier Arbeitsschritten Autoteile produziert. Jeder Arbeitsschritt wird auf einer anderen Maschine ausgeführt, die zu jedem Zeitpunkt nur ein Teil bearbeiten kann. Die Reihenfolge der Arbeitsschritte ist fest vorgegeben und für jedes Autoteil gleich. Allerdings gibt es Produkte, bei denen nicht jeder Arbeitsschritt ausgeführt werden muss. Aktuell sollen fünf Autoteile produziert werden. Die Bearbeitungszeiten der fünf Teile ($j = 1,\ldots,5$) auf den vier Maschinen ($i = 1,\ldots,4$) sind wie folgt gegeben.

j	1	2	3	4	5
p_{1j}	4	2	1	6	3
p_{2j}	5	0	2	3	1
p_{3j}	2	9	4	2	3
p_{4j}	6	0	3	1	4

Sie möchten nun die Bearbeitungsreihenfolge der Autoteile auf jeder Maschine festlegen, so dass alle Teile möglichst schnell fertig sind.

a) Benennen Sie die obige Problemstellung mit Hilfe der Dreifeldnotation.

b) Lösen Sie die Problemstellung mit dem Verfahren von Gonzalez und Sahni. Geben Sie zusätzlich sämtliche Fertigstellungszeitpunkte der Autoteile auf jeder Maschine an. Nennen Sie den Zielfunktionswert.

c) Lösen Sie die Problemstellung mit dem Verfahren von Röck und Schmidt. Geben Sie zusätzlich sämtliche Fertigstellungszeitpunkte der Autoteile auf jeder Maschine an. Nennen Sie den Zielfunktionswert.

d) Bestimmen Sie einen besseren als die bisher gefundenen Ablaufpläne.

e) Angenommen, die Reihenfolge der Aufträge müsste zusätzlich auf jeder Maschine gleich sein. Wie verändert sich dann der in c) gefundene Ablaufplan?

f) Nehmen wir nun an, dass ein Auftrag, nachdem er auf einer Maschine bearbeitet wurde, ohne zeitliche Verzögerung die Bearbeitung auf der nächsten Maschine beginnen muss. Wie verändert sich jetzt der in c) gefundene Ablaufplan?

Aufgabe 31:
Lösen Sie folgende Instanz des Problems $F4|prmu|C_{\max}$ mit dem für diese Problemstellung beschriebenen Verfahren. Geben Sie dazu die Fertigstellungszeitpunkte C_{ij} ($i = 1, 2, 3, 4; j = 1, 2, 3, 4, 5$) entweder explizit an, oder nutzen Sie ein Gantt-Diagramm zur Veranschaulichung. Geben Sie den Zielfunktionswert an.

j	1	2	3	4	5
p_{1j}	2	1	2	5	1
p_{2j}	4	5	2	3	1
p_{3j}	5	4	1	2	3
p_{4j}	2	2	4	1	5

Aufgabe 32:
Lösen Sie die folgende Instanz des Problems $F7|n = 2|C_{\max}$ mit dem Verfahren von Akers. Geben Sie den Zielfunktionswert an und zeichnen Sie den Ablaufplan als Gantt-Diagramm.

j	1	2
p_{1j}	5	3
p_{2j}	3	1
p_{3j}	2	1
p_{4j}	4	2
p_{5j}	5	3
p_{6j}	2	1
p_{7j}	5	3

Aufgabe 33:
Lösen Sie die folgende Instanz des Problems $J6|n = 2|C_{\max}$ mit dem Verfahren von Akers. Geben Sie den Zielfunktionswert explizit an.

j	1	2
p_{1j}	4	2
p_{2j}	4	4
p_{3j}	3	3
p_{4j}	5	3
p_{5j}	2	1
p_{6j}	2	1

Auftrag 1 durchläuft die Maschinen in der Reihenfolge $(1, 2, \ldots, 6)$ und Auftrag 2 in der Reihenfolge $(3, 2, 4, 1, 6, 5)$.

Aufgabe 34:
Wir betrachten eine Instanz des Problems $F3||C_{\max}$.

j	1	2	3	4
p_{1j}	2	4	2	6
p_{2j}	3	5	4	5
p_{3j}	8	3	5	3

Lösen Sie dieses Problem zwei Mal mit dem Verfahren von Giffler und Thompson. Wenden Sie dabei folgende Prioritätsregeln an. Beachten Sie auch Bemerkung 7.2 (2).

a) LRPT (sollte diese Prioritätsregel in einem Schritt kein eindeutiges Ergebnis liefern, so wenden Sie in diesem Schritt die SPT-Regel an)

b) SPT

Aufgabe 35:
Lösen Sie diesmal mit den Zahlenwerten aus Aufgabe 34 das Problem $J3||C_{\max}$. Dabei müssen die Aufträge die Maschinen in folgender Reihenfolge durchlaufen (in der Matrix sind jeweils die Maschinennummern angegeben):

j	1	2	3	4
1. Maschine für Auftrag j	1	3	2	3
2. Maschine für Auftrag j	2	1	1	2
3. Maschine für Auftrag j	3	2	3	1

Nutzen Sie dazu das Verfahren von Giffler und Thompson mit folgenden Prioritätsregeln.

a) LTT (sollte diese Prioritätsregel in einem Schritt kein eindeutiges Ergebnis liefern, so wenden Sie in diesem Schritt die LPT-Regel an)

b) FCFS (sollte diese Prioritätsregel in einem Schritt kein eindeutiges Ergebnis liefern, so wenden Sie in diesem Schritt die SPT-Regel an)

Geben Sie jeweils die Gesamtbearbeitungszeit an. Ermitteln Sie abschließend einen noch besseren Ablaufplan als die oben gefundenen.

Aufgabe 36:
Lösen Sie erneut das Problem $J3||C_{\max}$ aus Aufgabe 35, diesmal mit der Shifting-Bottleneck Heuristik.

Aufgabe 37:
Lösen Sie das Problem $O2||C_{\max}$ mit den gleichen Zahlenwerten wie aus Aufgabe 29, indem Sie die LAPT-Regel anwenden.

Aufgabe 38:
Lösen Sie das Problem $O4||C_{\max}$ für die folgenden Zahlenwerte mit dem dafür vorgestellten Verfahren.

j	1	2	3	4
p_{1j}	3	4	8	4
p_{2j}	3	2	1	2
p_{3j}	5	1	3	3
p_{4j}	8	1	5	4

Ist der gefundene Ablaufplan optimal? Wenn ja, begründen Sie, andernfalls geben Sie einen besseren Ablaufplan an.

Aufgabe 39:
Für die folgende Instanz des Problems $1||\sum T_j$ haben Sie die Liefertermineregel angewendet und die Auftragsreihenfolge $(1, 2, 3, 4)$ mit Zielfunktionswert $\sum T_j = 28$ erhalten.

j	1	2	3	4
p_j	4	15	8	9
d_j	8	17	18	19

Wenden Sie den Bergsteigeralgorithmus an, um den Ablaufplan zu verbessern.

a) Verwenden Sie die Nachbarschaft, die durch Vertauschen zweier benachbarter Aufträge entsteht.

b) Verwenden Sie die Nachbarschaft, die durch Vertauschen zweier beliebiger Aufträge entsteht.

Aufgabe 40:
Wenden Sie das Branch-and-Bound Verfahren auf folgende Instanz des Problems $1|r_j|L_{\max}$ an.

j	1	2	3	4	5
p_j	6	3	10	5	3
r_j	0	5	8	11	15
d_j	29	30	21	31	20

Aufgabe 41:
Wenden Sie das Branch-and-Bound Verfahren auf folgende Instanz des Problems $1||\sum T_j$ an.

j	1	2	3	4	5
p_j	6	1	12	5	3
d_j	17	21	16	22	20

B. Lösungen zu den Aufgaben

Aufgabe 1:
Selbstverständlich lässt sich die Liste schier endlos erweitern. Hier einige Beispiele:

- Hotelzimmer + Übernachtungsanfragen
- Sitzplätze im Zug + Fahrgäste
- Prozessor + auszuführende Programme
- Playstation + spielwillige Personen
- Schienenabschnitte + Züge
- Akkuschrauber + Schrauben
- Containerbrücke + Container

Aufgabe 2:
Die Aufträge sollten nach Ihrer Bearbeitungszeit sortiert werden (SPT-Regel).

Angenommen ein Ablaufplan wäre optimal, bei dem mindestens ein Paar von Aufträgen in „falscher" Reihenfolge ist. Man kann sich leicht überlegen, dass es dann auch mindestens ein Paar von Aufträgen in „falscher" Reihenfolge geben muss, bei dem die Aufträge im Ablaufplan direkt aufeinanderfolgen. Wähle ein solches Paar von Aufträgen (j, j') mit $p_j > p_{j'}$ aus. Wenn S_j den Startzeitpunkt von j darstellt, so gilt $C_j = S_j + p_j$ und $C_{j'} = S_j + p_j + p_{j'}$. Werden die beiden Aufträge vertauscht, so ändern sich die Fertigstellungszeitpunkte aller anderen Aufträge offensichtlich nicht. Allerdings gilt dann $C_j = S_j + p_{j'} + p_j$ und $C_{j'} = S_j + p_{j'}$, so dass sich der Zielfunktionswert um $p_j - p_{j'}$ verringert. Widerspruch zu der Annahme, dass der Ablaufplan optimal sei.

Aufgabe 3:
Zunächst gilt es die Aufträge aufsteigend nach Lieferterminen zu sortieren.

j	8	6	5	1	2	9	7	4	3
p_j	4	5	3	3	2	3	6	8	6
d_j	6	10	11	12	12	14	20	28	30

Auftrag 5 ist der früheste, verspätete Auftrag. Unter den ersten drei Aufträgen ist Auftrag 6 derjenige mit der längsten Bearbeitungszeit und wird daher ans Ende verschoben.

j	8	5	1	2	9	7	4	3	6
p_j	4	3	3	2	3	6	8	6	5
d_j	6	11	12	12	14	20	28	30	10

In der Tabelle soll der senkrechte Strich vor Auftrag 6 andeuten, dass alle rechts vom Strich liegenden Aufträge sicher verspätet sein werden. Nun ist Auftrag 9 der früheste, verspätete Auftrag. Unter den ersten fünf Aufträgen hat Auftrag 8 die längste Bearbeitungszeit.

j	5	1	2	9	7	4	3	6	8
p_j	3	3	2	3	6	8	6	5	4
d_j	11	12	12	14	20	28	30	10	6

Jetzt ist (abgesehen von den beiden verschobenen Aufträgen) nur noch Auftrag 3 verspätet. Verschoben wird allerdings Auftrag 4.

j	5	1	2	9	7	3	6	8	4
p_j	3	3	2	3	6	6	5	4	8
d_j	11	12	12	14	20	30	10	6	28

Es findet sich kein verspäteter Auftrag, der nicht bereits verschoben wurde. Entsprechend ist der Ablaufplan, der auch in folgendem Gantt-Diagramm abgebildet ist, optimal.

Aufgabe 4:
Die drei Ablaufplanungsprobleme werden in der Dreifeldnotation durch $1||L_{\max}$, $1||\sum U_j$ und $1||\sum C_j$ dargestellt.

Anhang B. Lösungen zu den Aufgaben 131

Aufgabe 5:
Auch diese Liste ist natürlich beliebig erweiterbar. Insbesondere können natürlich leicht lösbare Probleme durch Vereinfachungen wie $d_j = d$ oder $p_j = p$ verändert werden, so dass sie weiterhin leicht lösbar sind.

- $1||C_{\max}$: Hier ist jeder Ablaufplan optimal, bei dem die Aufträge lückenlos auf der Maschine bearbeitet werden.

- $1|p_j = p|\sum w_j C_j$: Die Sortierung nach Gewicht durch Dauer, die bei beliebigen Bearbeitungszeiten optimal ist, entspricht hierbei der Sortierung absteigend nach Gewichten.

- $1|p_j = p|\sum C_j$: Jeder Ablaufplan ohne Maschinenstillstand ist optimal.

- $1|d_j = d|L_{\max}$: Jeder Ablaufplan ohne Maschinenstillstand ist optimal.

- $1|d_j = d|\sum U_j$: Sortiere aufsteigend nach Bearbeitungszeit.

Aufgabe 6:
a) Zur besseren Übersicht ergänzen wir zunächst die Informationen der Aufträge um die Fertigstellungszeitpunkte und die Verspätungen.

j	1	2	3	4	5	6	7	8	9
p_j	7	9	9	4	4	2	8	2	5
d_j	6	9	18	25	34	39	43	48	52
w_j	7	3	1	1	3	2	4	10	10
C_j	7	16	25	29	33	35	43	45	50
L_j	1	7	7	4	-1	-4	0	-3	-2

Dadurch ergeben sich folgende Zielfunktionswerte:

$$C_{\max} = 50, \quad L_{\max} = 7, \quad \sum C_j = 283, \quad \sum w_j C_j = 1442,$$
$$\sum T_j = 19, \quad \sum w_j T_j = 39, \quad \sum U_j = 4, \quad \sum w_j U_j = 12$$

b) Die obige Tabelle wird an den neuen Ablaufplan angepasst, so dass die Aufträge nach absteigenden Auftragsnummern sortiert sind.

j	9	8	7	6	5	4	3	2	1
p_j	5	2	8	2	4	4	9	9	7
d_j	52	48	43	39	34	25	18	9	6
w_j	10	10	4	2	3	1	1	3	7
C_j	5	7	15	17	21	25	34	43	50
L_j	-47	-41	-28	-22	-13	0	16	34	44

Die Zielfunktionswerte sind in diesem Fall die folgenden:

$$C_{\max} = 50, \quad L_{\max} = 44, \quad \sum C_j = 217, \quad \sum w_j C_j = 815,$$

$$\sum T_j = 94, \quad \sum w_j T_j = 426, \quad \sum U_j = 3, \quad \sum w_j U_j = 11$$

Aufgabe 7:
Die Summe der Bearbeitungszeiten aller Aufträge beträgt 100, so dass bei 4 Maschinen die Gesamtbearbeitungszeit mindestens 25 sein muss. Wird also ein Ablaufplan mit $C_{\max} = 25$ gefunden, so ist dieser optimal. Bei folgendem Ablaufplan ist dies der Fall.

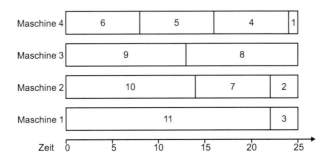

Da die Reihenfolge der Aufträge auf jeder Maschine für die Zielfunktion hier nicht relevant ist, gibt es mehrere optimale Ablaufpläne.

Aufgabe 8:
a) Der Zielfunktionswert beträgt 36.

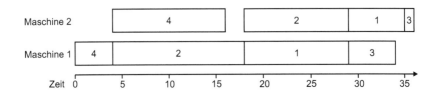

b) Der Zielfunktionswert beträgt 36.

Anhang B. Lösungen zu den Aufgaben

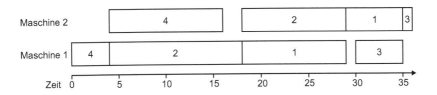

c) Der Zielfunktionswert beträgt 34.

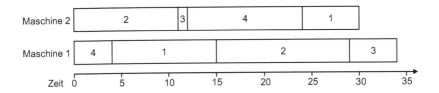

d) Der Ablaufplan aus Aufgabenteil c) ist auch hier optimal. Der Zielfunktionswert beträgt also 34.

Aufgabe 9:
Durch einfaches Umformulieren erhalten wir

$$\sum L_j = \sum (C_j - d_j) = \sum C_j - \underbrace{\sum d_j}_{\text{Konstante}} \; .$$

Da eine konstante Zahl in der Zielfunktion keinen Einfluss auf den optimalen Ablaufplan hat, sind die Ablaufplanungsprobleme $\alpha|\beta|\sum C_j$ und $\alpha|\beta|\sum L_j$ äquivalent. Daher findet sich letzteres Ziel keine explizite Berücksichtigung.

Aufgabe 10:
Das Problem $1||L_{\max}$ wird optimal mit der Lieferterminregel gelöst. Es muss also ein Beispiel konstruiert werden, bei dem die Minimaler-Schlupf-Regel von der Lieferterminregel abweicht.

j	1	2
p_j	3	1
d_j	3	2

Die Lieferterminregel ergibt als Sequenz $(2, 1)$ mit $L_{\max} = 1$. Hingegen liefert die Minimaler-Schlupf-Regel die Sequenz $(1, 2)$ mit $L_{\max} = 2$.

Aufgabe 11:

a) Wir erhalten folgendes Entscheidungsproblem:
INSTANZ: Gegeben eine Maschine, n Aufträge und für jeden Auftrag j eine Bearbeitungszeit p_j und ein Liefertermin d_j. Weiter sei ein Zielwert φ gegeben.
FRAGE: Gibt es eine Permutation der Aufträge, so dass $L_{\max} := \max\{C_1 - d_1, C_2 - d_2, \ldots, C_n - d_n\} \leq \varphi$?

b) Da jeder Auftrag spätestens zum Zeitpunkt 128 beendet ist und der früheste Liefertermin eines Auftrags den Wert 1 hat, kann kein Auftrag mehr als $128 - 1 = 127$ Zeiteinheiten verspätet sein. Dies kann auch der optimale Zielfunktionswert sein (nämlich genau dann, wenn alle Aufträge den Liefertermin 1 haben). Daher stellt 127 eine obere Schranke für den optimalen Zielfunktionswert dar, die sich ohne weitere Informationen über die Instanz nicht verbessern lässt.

Im Idealfall wird der Auftrag, der bereits zum Zeitpunkt 1 beendet sein muss, genau zu diesem Zeitpunkt fertig (da jeder Auftrag ja mindestens die Bearbeitungszeit 1 hat, kann kein Auftrag früher fertig werden). Ein Ablaufplan kann also keinen Zielfunktionswert unter 0 liefern. Der Wert 0 stellt also eine untere Schranke dar.

c) Zunächst ist es am geschicktesten, die Menge der potentiellen Zielwerte zu halbieren, also das Entscheidungsproblem für $\varphi = 63$ zu lösen. Ist die Antwort „Ja", so liegt das Optimum zwischen 0 und 63, andernfalls zwischen 64 und 127. Derart werden die Zielwerte sukzessive halbiert, so dass nach maximal 7 Schritten ($2^7 = 128$) das Optimum bekannt ist.

Aufgabe 12:

a) Für diese Aufgabe sind wieder mehrere richtige Lösungen denkbar. Da a und b ganze Zahlen sein dürfen, müssen auch negative Zahlen berücksichtigt werden. Möglich ist also das Alphabet $\Sigma = \{0, 1, 2, 3, 4, 5, 6, 7, 8, 9, -, ;\}$. $L \subset \Sigma^*$ beschreibt die Wörter, bei denen genau ein Trennsymbol „;" vorkommt, das erste und letzte Zeichen nicht dem Trennsymbol entspricht, das Vorzeichen „−" ausschließlich als erstes Zeichen oder direkt nach dem Trennsymbol vorkommen darf, und der Wert der Zahl vor dem Trennsymbol nicht größer ist als der Wert der Zahl danach.

Anhang B. Lösungen zu den Aufgaben

b) $\Sigma = \{1, 2, 3, ; \}$. Die Menge Σ^3 der Wörter mit genau drei Symbolen (jeweils durch ein Komma getrennt) ist

{ 111, 112, 113, 11; , 121, 122, 123, 12; , 131, 132, 133, 13; , 1; 1, 1; 2, 1; 3, 1; ; , 211, 212, 213, 21; , 221, 222, 223, 22; , 231, 232, 233, 23; , 2; 1, 2; 2, 2; 3, 2; ; , 311, 312, 313, 31; , 321, 322, 323, 32; , 331, 332, 333, 33; , 3; 1, 3; 2, 3; 3, 3; ; , ; 11, ; 12, ; 13, ; 1; , ; 21, ; 22, ; 23, ; 2; , ; 31, ; 32, ; 33, ; 3; , ; ; 1, ; ; 2, ; ; 3, ; ; ; }.

Die Sprache umfasst dann die Wörter bei denen in der Mitte und nur in der Mitte das Trennsymbol steht und bei denen die zweite Zahl mindestens so groß ist wie die erste:

$$L = \{1; 1, 1; 2, 1; 3, 2; 2, 2; 3, 3; 3\}$$

Aufgabe 13:

a) Die jeweiligen Bewegungen des Schreib-Lese-Kopfes, der jeweilige Zustand und die Werte des Speicherstreifens sind in Abbildung B.1 für jeden Rechenschritt dargestellt.

b) Der Endzustand ist q_Y. Die zugehörigen Rechenschritte sind in Abbildung B.2 dargestellt.

c) In diesem Fall ist der Endzustand q_N. Die Rechenschritte finden sich in Abbildung B.3.

d) Die einzelnen Zustände lassen sich wie folgt beschreiben.

q_0: Gehe nach rechts bis zum nächsten Leerzeichen

q_1: Wenn die eingelesene Ziffer nicht 0 ist, verringere die Ziffer um 1 und wechsele in Zustand q_2, sonst schreibe eine 9.

q_2: Gehe nach links zur ersten Zahl.

q_3: Analog zu q_1 für die erste Zahl.

e) Die Turingmaschine entscheidet ob die erste von zwei Zahlen kleiner ist als die zweite. Formal ausgedrückt wird folgendes Entscheidungsproblem gelöst:
INSTANZ: Zwei Zahlen $a, b \in \mathbb{N}_0$.
FRAGE: Gilt $a < b$?

f) Falls die Eingabelänge gleich 1 ist, werden maximal 4 Schritte benötigt. Ist die Eingabelänge 3, so stellt die Eingabe 9;9 den worst case dar. In dem Fall werden 61 Schritte benötigt.

g) Die Laufzeit ist exponentiell. Wir betrachten nur die (worst case) Eingaben der Form 9;9, 99;99, 999;999 usw. Im ersten Fall bewegt sich der SLK genau 10 Mal von links nach rechts und zurück und

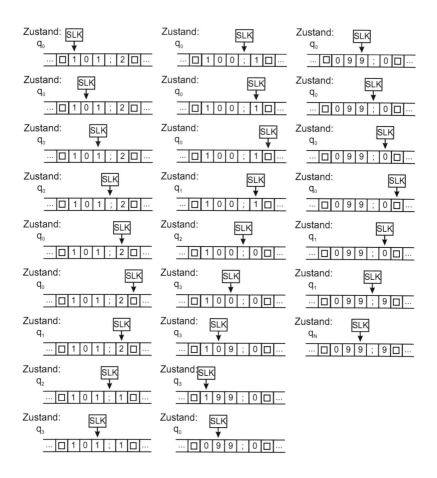

Abbildung B.1.: Maschinenzustände (von oben nach unten)

Anhang B. Lösungen zu den Aufgaben

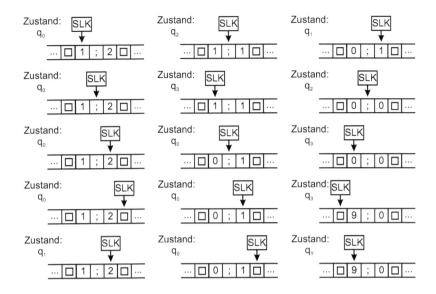

Abbildung B.2.: Maschinenzustände (von oben nach unten)

kommt in einem abschließenden Schritt in einen Stoppzustand ($10 \cdot 3 \cdot 2 + 1 = 61$). Bei Eingabelänge 5 muss der SLK 100 mal von links nach rechts, usw. D.h dass bei Eingabelänge n sich der SLK $10^{\frac{n-1}{2}}$ Mal von links nach rechts bewegt. Die Länge des Weges von links nach rechts nimmt dabei noch zu.

h) Würde die DTM zunächst die Anzahl der Dezimalstellen prüfen und (bei Gleichheit) den Vergleich mit der größten Dezimalstelle beginnen, wäre ein polynomielles Verfahren möglich.

Aufgabe 14:
Für eine Instanz des Partitionsproblems wird eine Instanz von $P2||C_{\max}$ wie folgt generiert. Sei $n := |A|$ die Anzahl der Elemente in A.

Unsere Instanz von $P2||C_{\max}$ habe nun n Aufträge, deren Bearbeitungszeiten genau den Größen p_a der Elemente der Menge A entsprechen.

Wird nun ein Ablaufplan von $P2||C_{\max}$ ermittelt, so sind entweder beide Maschinen genau gleich ausgelastet, oder eine Maschine arbeitet länger als die andere. Im ersten Fall liegt für das Partitionsproblem eine

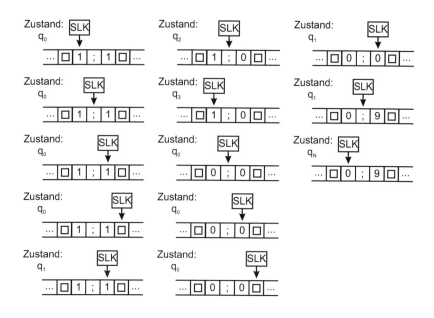

Abbildung B.3.: Maschinenzustände (von oben nach unten)

Ja-Instanz vor (in die Menge A' kommen dann alle Elemente, die auf einer Maschine bearbeitet werden). Andernfalls liegt keine Ja-Instanz vor, denn wenn es eine entsprechende Teilmenge A' gäbe, so könnten die entsprechenden Aufträge alle auf einer Maschine bearbeitet werden. Die verbleibenden Aufträge würden auf der anderen Maschine die gleiche Bearbeitungszeit in Anspruch nehmen.

Damit wurde gezeigt, dass $P2||C_{\max}$ NP-schwer ist.

Aufgabe 15:
a) Dadurch, dass die Bearbeitungszeit immer gleich 1 ist, muss jeder Auftrag genau einer (Zeit-)Position im Ablaufplan zugeordnet werden. Die Menge A beschreibt dann also die Aufträge, die Menge B die Positionen im Ablaufplan. Die „Kosten" c_{jk} einer derartigen Zuordnung des Auftrags j zu der Position k können dann als der Beitrag dieses Auftrags zu der Zielfunktion aufgefasst werden. Das heißt, dass $c_{jk} := w_j \cdot \max\{k - d_j; 0\}$ gilt. Durch diese Umformung

(die in polynomieller Zeit durchführbar ist) ist also gezeigt, dass beide Probleme äquivalent sind.

b) Weil das Zuordnungsproblem in polynomieller Zeit lösbar ist und beide Probleme äquivalent sind, liegt auch $1|p_j = 1|\sum w_j T_j$ in P. Bei den obigen Überlegungen ist der Umstand, dass die Bearbeitungszeit genau eine Zeiteinheit beträgt nicht kritisch. Die Umformung funktioniert auch für jede weitere Bearbeitungszeit, die für alle Aufträge gleich ist (dazu müssen nur die c_{jk} angepasst werden). Daher liegt auch $1|p_j = p|\sum w_j T_j$ in P.

Aufgabe 16:
Berechnung von „Gewicht durch Bearbeitungszeit" und Sortierung absteigend nach w_j/p_j ergibt die Reihenfolge $(1, 6, 4, 7, 2, 5, 3)$, die den Zielfunktionswert 1440 liefert:

j	1	2	3	4	5	6	7
p_j	6	7	4	4	9	4	20
w_j	12	6	0	4	7	7	19
w_j/p_j	2	0,86	0	1	0,78	1,75	0,95
C_j	6	41	54	14	50	10	34
$w_j C_j$	72	246	0	56	350	70	646

Aufgabe 17:
Die aufsteigende Sortierung nach r_j liefert $(1, 5, 3, 4, 2, 6, 7)$. Der Zielfunktionswert ist 42 und damit größer als $\sum p_j$, weil die Maschine zwischen Zeitpunkt 7 und 8 still steht.

Aufgabe 18:
Es gibt keine Vorrangbeziehung, die in Auftrag 2 endet, somit kann dieser Auftrag als erster eingeplant werden. Damit sind die Vorrangbeziehungen $2 \to 1$ und $2 \to 7$ auf jeden Fall erfüllt.

In Auftrag 4 enden ebenfalls keine Vorrangbeziehungen, so dass dieser Auftrag als zweites eingeplant werden kann: $(2, 4, \ldots)$. Damit ist auch $4 \to 3$ auf jeden Fall erfüllt.

Unter den verbleibenden Aufträgen gibt es keine Vorrangbeziehung, die in Auftrag 3 endet. $(2,4,3,\ldots)$
Durch dieses Vorgehen erhält man sukzessive einen (nicht-eindeutigen) Ablaufplan, z.B. $(2,4,3,7,1,5,6)$.

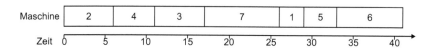

Aufgabe 19:
Als nächster Auftrag wird unter den bezüglich der Ankunftszeiten verfügbaren Aufträgen stets derjenige gewählt, dessen Restbearbeitungszeit am geringsten ist. Dieser wird dann nur solange durchgeführt bis ein weiterer Auftrag verfügbar ist, oder bis der Auftrag vollständig beendet ist. In dem folgenden Gantt-Diagramm ist der optimale Ablaufplan dargestellt.

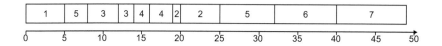

Der Zielfunktionswert beträgt dabei 5+14+19+25+32+40+49=184.

Aufgabe 20:
Aufträge 2 und 4 haben keine Vorgänger. Von den beiden Aufträgen hat 4 den früheren Liefertermin und wird deshalb als erstes eingeplant. Dann wird wegen des frühesten Liefertermins der zur Verfügung stehenden Aufträge Auftrag 3 eingeplant. Wegen der Vorrangbeziehungen folgen zwingend Auftrag 2 und Auftrag 7. Nach der gleichen Vorgehensweise werden noch die Aufträge 5, 1 und 6 eingeplant. Der Zielfunktionswert ist somit $L_{\max} = \max\{-15, -11, -11, -4, -5, -3, -3\} = -3$.

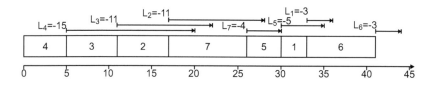

Anhang B. Lösungen zu den Aufgaben

Aufgabe 21:
In diesem Fall wird unter den bezüglich der Ankunftszeiten verfügbaren Aufträgen derjenige ausgewählt, der den frühesten Liefertermin hat. Die Durchführung wird allerdings unterbrochen, sobald ein weiterer Auftrag verfügbar ist.

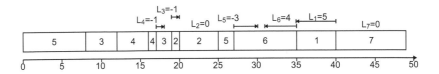

Der Zielfunktionswert ist $L_{\max} = \max\{-1, -1, 0, -3, 4, 5, 0\} = 5$.

Aufgabe 22:

a) Die Bearbeitungszeiten und Gewichte sind in beiden Aufgaben nicht übereinstimmend. Sowohl in Aufgabe 6 als auch in Aufgabe 16 ist das zum Beispiel dadurch ersichtlich, dass $p_4 < p_1$ und gleichzeitig $w_4 < w_1$ gilt.

b) Die Aufträge müssen aufsteigend nach Bearbeitungsdauer und gleichzeitig absteigend nach Gewicht sortiert werden können. Die in der Aufgabenstellung gegebene Sortierung gewährleistet das bereits. Somit sind Bearbeitungszeiten und Gewichte übereinstimmend.

c) Wählen wir die Sortierung gemäß aufsteigender Liefertermine, so ist Auftrag 1 der früheste, verspätete Auftrag:

j	2	7	1	4	3	5	6
p_j	7	12	3	8	8	10	10
w_j	12	3	12	7	8	7	6
d_j	10	20	21	23	25	30	33

Unter den ersten 3 Aufträgen hat Auftrag 7 die längste Bearbeitungszeit und wird daher ans Ende verschoben.

j	2	1	4	3	5	6	7
p_j	7	3	8	8	10	10	12
w_j	12	12	7	8	7	6	3
d_j	10	21	23	25	30	33	20

Jetzt ist Auftrag 3 der früheste, verspätete Auftrag. Auftrag 3 und 4 haben die längste Bearbeitungszeit. Verschoben wird nun Auftrag 4, da er geringeres Gewicht hat als Auftrag 3.

j	2	1	3	5	6	7	4
p_j	7	3	8	10	10	12	8
w_j	12	12	8	7	6	3	7
d_j	10	21	25	30	33	20	23

Jetzt ist Auftrag 6 verspätet, der zusammen mit Auftrag 5 die längste Bearbeitungszeit hat. Weil Auftrag 6 geringeres Gewicht hat, wird dieser verschoben.

j	2	1	3	5	7	4	6
p_j	7	3	8	10	12	8	10
w_j	12	12	8	7	3	7	6
d_j	10	21	25	30	20	23	33

Der Zielfunktionswert ist somit $3 + 7 + 6 = 16$.

Aufgabe 23:
Nach der LPT-Regel ergibt sich folgender Ablaufplan mit Gesamtbearbeitungszeit von 23:

Der optimale Ablaufplan hingegen erlaubt die Fertigstellung sämtlicher Aufträge bereits zum Zeitpunkt 18:

Anhang B. Lösungen zu den Aufgaben

[Gantt-Diagramm: Maschine 1: 1, 2, 3; Maschine 2: 4, 12; Maschine 3: 5, 13; Maschine 4: 6, 10; Maschine 5: 7, 11; Maschine 6: 8, 9; Zeitachse 0–20]

Aufgabe 24:
Es wird die in Beispiel 5.6 (Seite 55) beschriebene Instanz für 9 Aufträge erweitert:

j	1	2	3	4	5	6	7	8	9
p_j	7	7	6	6	5	5	4	4	4

Die beiden Ablaufpläne sind in den nachstehenden Diagrammen abgebildet. Die Zielfunktionswerte sind 15 und 12, so dass $\frac{15}{12} = 1,25 = \frac{4}{3} - \frac{1}{3 \cdot 4}$ gilt.

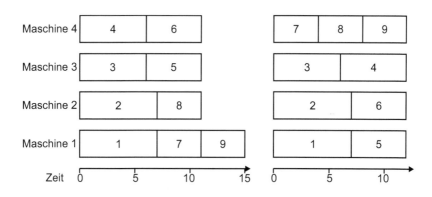

Aufgabe 25:
Die Aufträge werden zunächst gedanklich auf einer Maschine ausgeführt. Dabei sollen die Bearbeitungszeiten der Aufträge fallend sein. In diesem Fall ist die Reihenfolge der Aufträge also $(13, 12, \ldots, 1)$. Die Gesamtbearbeitungszeit aller Aufträge ist 108. Der längste Auftrag hat die Länge 11. Der Ablaufplan auf der einen Maschine wird nun in Stücke „zerschnitten", deren Länge sich aus der zu berechnenden, optimalen Länge $C^*_{\max}$ des gesamten Ablaufplans ergibt. Das letzte Stück, das auf der n-ten Maschine bearbeitet wird, kann auch kürzer sein als $C^*_{\max}$. Dieser Fall tritt in Aufgabenteil c) ein.

a) $C^*_{\max} = \max\{108/6; 11\} = 18$. Das führt zu dem Ablaufplan in Abbildung B.4.

b) $C^*_{\max} = \max\{108/8; 11\} = 13,5$. Der zugehörige Ablaufplan ist links in Abbildung B.5 dargestellt.

c) $C^*_{\max} = \max\{108/10; 11\} = 11$. Der zugehörige Ablaufplan findet sich rechts in Abbildung B.5.

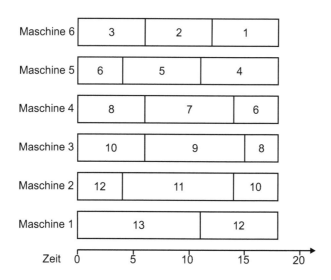

Abbildung B.4.: Optimaler Ablaufplan für $P6|pmtn|C_{\max}$

Anhang B. Lösungen zu den Aufgaben 145

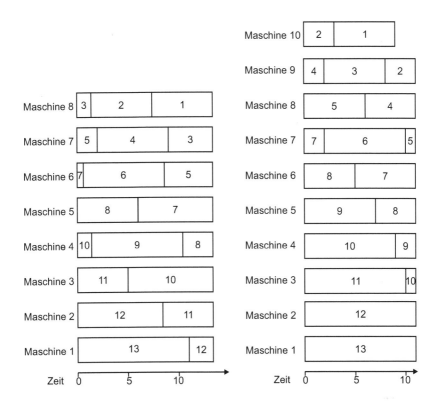

Abbildung B.5.: Optimale Ablaufpläne für $P8|pmtn|C_{\max}$ (links) und $P10|pmtn|C_{\max}$ (rechts)

Aufgabe 26:
Ein optimaler Ablaufplan für das Problem $Pm||\sum C_j$ kann mittels Prioritätsregel bestimmt werden. Dazu werden die Aufträge sukzessive auf der jeweils nächsten freien Maschine eingeplant, beginnend mit dem kürzesten Auftrag (SPT-Regel). Durch dieses Vorgehen erhalten wir den im folgenden Gantt-Diagramm dargestellten Ablaufplan, dessen Zielfunktionswert

$$6+6+6+7+7+8+14+15+15+17+17+19+25 = 162$$

beträgt.

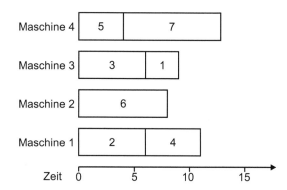

Aufgabe 27:
a) Die Aufträge werden gemäß der WSPT-Regel sortiert, also absteigend nach dem Quotienten aus Gewicht und Dauer. Das liefert die Reihenfolge (2,6,3,5,7,4,1) nach der die Aufträge sukzessive auf der jeweils nächsten freien Maschine eingeplant. Das führt zu folgendem Ablaufplan.

Der Zielfunktionswert beträgt

$$0 \cdot 9 + 6 \cdot 6 + 4 \cdot 6 + 2 \cdot 11 + 2 \cdot 4 + 7 \cdot 8 + 4 \cdot 13 = 198.$$

Anhang B. Lösungen zu den Aufgaben 147

b) Der unten stehende Ablaufplan ist optimal. Der Zielfunktionswert beträgt

$$0 \cdot 11 + 6 \cdot 6 + 4 \cdot 6 + 2 \cdot 11 + 2 \cdot 10 + 7 \cdot 8 + 4 \cdot 9 = 194.$$

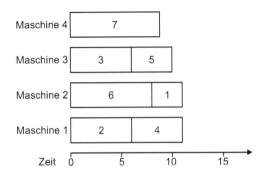

Aufgabe 28:
Es gibt die folgenden Fertigstellungszeitpunkte:

j	1	2	3	4	5
C_{1j}	3	8	9	15	19
C_{2j}	9	12	9	21	30
C_{3j}	10	15	19	23	42
C_{4j}	14	21	24	33	43
C_j	14	21	24	33	43

Der Zielfunktionswert beträgt 43.

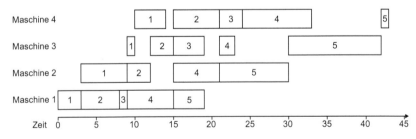

Aufgabe 29:
Die Menge J_1 beinhaltet alle Aufträge, deren Bearbeitungszeit auf Maschine 1 kürzer ist als auf Maschine 2: $J_1 = \{2, 4, 5, 7\}$. Diese werden gemäß ihrer Bearbeitungszeit auf Maschine 1 sortiert (SPT-Regel):

(5, 7, 4, 2). Die restlichen Aufträge folgen der Sortierung bezüglich der Bearbeitungszeit auf Maschine 2 (LPT-Regel). (5, 7, 4, 2, 8, 6, 1, 3)

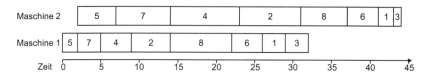

Der Zielfunktionswert ist somit 44.

Aufgabe 30:

a) $F4||C_{\max}$

b) Die Anwendung von Johnsons Algorithmus für Maschinen 1 und 2 sowie für Maschinen 3 und 4 führt zu der Reihenfolge (3,1,4,5,2) auf den ersten beiden Maschinen und (1,5,3,4,2) auf den letzten beiden Maschinen. Die Fertigstellungszeitpunkte, die zum Zielfunktionswert 33 führen, finden sich in der folgenden Tabelle und in dem Gantt-Diagramm.

j	1	2	3	4	5
C_{1j}	5	16	1	11	14
C_{2j}	10	16	3	14	15
C_{3j}	12	33	22	24	18
C_{4j}	18	33	25	26	22

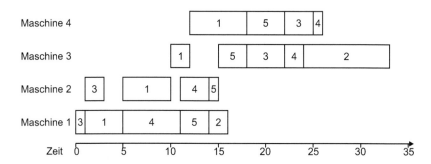

c) Aufstellen des Hilfsproblems

j	1	2	3	4	5
p_{aj}	9	2	3	9	4
p_{bj}	8	9	7	3	7

führt zur Reihenfolge (2,3,5,1,4). Die Fertigstellungszeitpunkte, die zum Zielfunktionswert 29 führen, finden sich in der folgenden Tabelle und in dem Gantt-Diagramm.

j	1	2	3	4	5
C_{1j}	10	2	3	16	6
C_{2j}	15	2	5	19	7
C_{3j}	20	11	15	22	18
C_{4j}	28	11	18	29	22

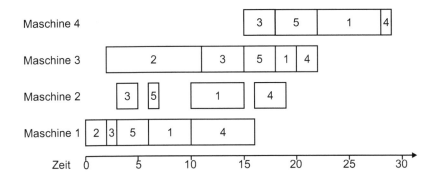

d) Optimalität wird durch die Reihenfolge (2,1,3,5,4) erreicht. Dieser Ablaufplan hat einen Zielfunktionswert von 28.

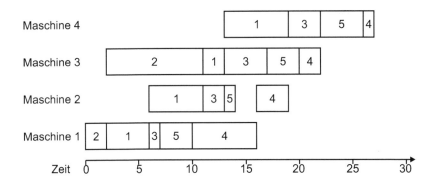

e) Der Ablaufplan aus c) (und auch der Ablaufplan aus d) erfüllt schon die Permutationseigenschaft. Diese Ablaufpläne müssen also nicht mehr verändert werden.

f) Um die no-wait-Eigenschaft zu ermöglichen, kann zwar die Reihenfolge der Aufträge aus dem Ablaufplan aus c) beibehalten werden, allerdings verschieben sich einzelne Aufgaben. Der Zielfunktionswert erhöht sich dadurch auf 32:

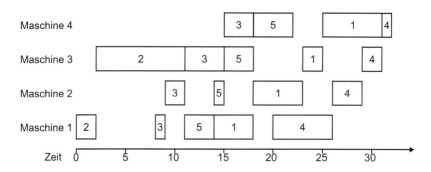

Aufgabe 31:
Für das Problem $F4|prmu|C_{\max}$ wurde das Verfahren von Röck und Schmidt vorgestellt. Dazu wird folgendes Hilfsproblem genutzt.

j	1	2	3	4	5
a_j	6	6	4	8	2
b_j	7	6	5	3	8

Anwendung von Johnsons Algorithmus auf das Hilfsproblem führt zur Reihenfolge $(5, 3, 1, 2, 4)$ und zu folgendem Gantt-Diagramm.

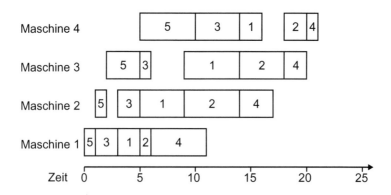

Die Fertigstellungszeitpunkte lassen sich der folgenden Tabelle entnehmen.

$i \backslash j$	1	2	3	4	5
1	5	6	3	11	1
2	9	14	5	17	2
3	14	18	6	20	5
4	16	20	14	21	10

Aufgabe 32:
Da es sich bei einem Flow Shop Problem um ein spezielles Job Shop Problem handelt, lässt sich das Verfahren von Akers auch darauf anwenden. Der graphische Lösungsweg weist dabei die Besonderheit auf, dass alle Sperrfläche zumindest über die Eckpunkte miteinander verbunden sind. Die Breite der Sperrflächen ergibt sich aus den Bearbeitungszeiten des ersten Auftrags, während der zweite Auftrag die Höhe der Sperrflächen definiert. Der graphische Lösungsweg inklusive des kürzesten Weges sind in der folgenden Abbildung dargestellt. In den Sperrflächen ist zudem die Maschinennummer genannt, die diese Fläche erzeugt.

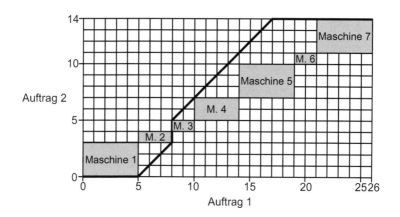

Die Länge des eingezeichneten Weges wird durch die Anzahl der Eckpunkte der Koordinatenkästchen definiert. In diesem Fall hat der Weg also eine Länge von 28 und somit beträgt auch die Gesamtbearbeitungszeit des optimalen Ablaufplans 28 Zeiteinheiten. Dieser optimale Ablaufplan ist im folgenden Gantt-Diagramm dargestellt.

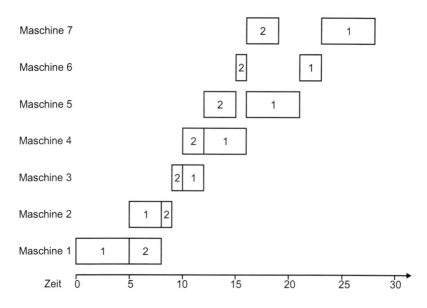

Aufgabe 33:

Im Unterschied zur vorherigen Aufgabe muss diesmal die Reihenfolge, in der Auftrag 2 die Maschinen durchläuft, bei der Ermittlung der Sperrflächen berücksichtigt werden. Die graphische Lösung findet sich in folgender Abbildung. Sie führt zu dem Zielfunktionswert von 23. Beachte, dass es noch weitere optimale Wege in dieser Zeichnung gibt.

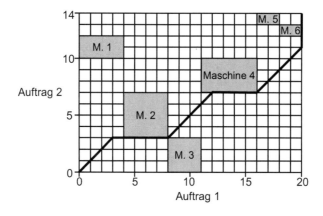

Anhang B. Lösungen zu den Aufgaben

Aufgabe 34:
In jeder Iteration des Verfahrens von Giffler und Thompson wird genau eine Aufgabe auf einer Maschine eingeplant. Jede dieser Iterationen ist in einer Hilfsmatrix dargestellt, die neben den Bearbeitungszeiten und den als nächstes einzuplanenden Aufgaben auch die Zeit angibt, bis zu welchem Zeitpunkt eine Maschine bzw. ein Auftrag aktuell eingeplant ist. Der resultierende Ablaufplan ist dann als Gantt-Diagramm dargestellt.

a) Anwendung der LRPT-Regel mit SPT-Regel bei Gleichheit.

j	1	2	3	4	Z_i		1	2	3	4	Z_i		1	2	3	4	Z_i
p_{1j}	[2]	[4]	[2]	[6]	0		2	4	2	■	6		■	4	2	■	8
p_{2j}	3	5	4	5	0		3	5	4	[5]	0		3	5	4	[5]	0
p_{3j}	8	3	5	3	0		8	3	5	3	0		8	3	5	3	0
r_{i+j}	0	0	0	0			0	0	0	6			8	0	0	6	

j	1	2	3	4	Z_i		1	2	3	4	Z_i		1	2	3	4	Z_i
p_{1j}	■	■	[2]	■	12		■	■	2	■	12		■	■	■	■	14
p_{2j}	[3]	[5]	4	[5]	0		■	[5]	4	[5]	11		■	[5]	4	[5]	11
p_{3j}	8	3	5	3	0		[8]	3	5	3	0		[8]	3	5	3	0
r_{i+j}	8	12	0	6			11	12	0	6			11	12	14	6	

j	1	2	3	4	Z_i		1	2	3	4	Z_i		1	2	3	4	Z_i
p_{1j}	■	■	■	■	14		■	■	■	■	14		■	■	■	■	14
p_{2j}	■	[5]	■	[5]	18		■	[5]	■	[5]	18		■	■	■	[5]	23
p_{3j}	[8]	3	[5]	3	0		■	3	[5]	3	19		■	[3]	[5]	3	19
r_{i+j}	11	12	18	6			19	12	18	6			19	23	18	6	

j	1	2	3	4	Z_i		1	2	3	4	Z_i		1	2	3	4	Z_i
p_{1j}	■	■	■	■	14		■	■	■	■	14		■	■	■	■	14
p_{2j}	■	■	■	[5]	23		■	■	■	[5]	23		■	■	■	■	28
p_{3j}	■	[3]	■	3	24		■	■	■	3	27		■	■	■	[3]	27
r_{i+j}	19	23	24	6			19	27	24	6			19	27	24	28	

j	1	2	3	4	Z_i
p_{1j}	■	■	■	■	14
p_{2j}	■	■	■	■	28
p_{3j}	■	■	■	■	31
r_{i+j}	19	27	24	31	

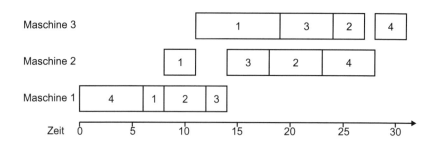

b) Anwendung der SPT-Regel.

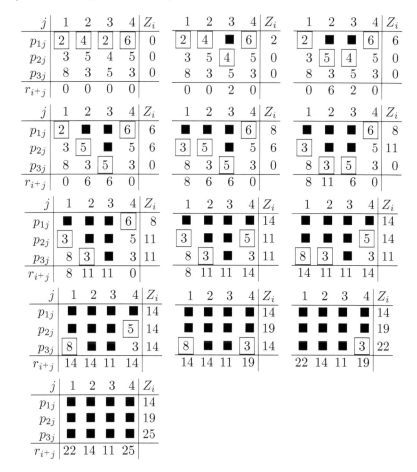

Anhang B. Lösungen zu den Aufgaben   155

```
Maschine 3 |          | 3 | 2 |  1  | 4 |
Maschine 2 |     | 3 |  2  |  1  | 4 |
Maschine 1 | 3 | 2 | 1 |  4  |
       Zeit 0     5    10    15    20    25
```

Aufgabe 35:
Die einzelnen Iterationen, in denen jeweils eine Aufgabe eines Auftrags eingeplant wird, sind in jeweils einer Hilfsmatrix dargestellt. Abschließend ist dann der resultierende Ablaufplan als Gantt-Diagramm dargestellt.

a) Anwendung der LTT-Regel mit LPT-Regel bei Gleichheit.

j	1	2	3	4	Z_i		1	2	3	4	Z_i		1	2	3	4	Z_i
p_{1j}	[2]	4	2	6	0		■	4	2	6	2		■	4	2	6	2
p_{2j}	3	5	[4]	5	0		3	5	[4]	5	0		3	5	[4]	[5]	0
p_{3j}	8	[3]	5	[3]	0		8	[3]	5	[3]	0		8	[3]	5	■	3
r_{i+j}	0	0	0	0			2	0	0	0			2	0	0	3	

j	1	2	3	4	Z_i		1	2	3	4	Z_i		1	2	3	4	Z_i
p_{1j}	■	4	2	[6]	2		■	[4]	2	[6]	2		■	[4]	2	■	14
p_{2j}	[3]	5	[4]	■	8		[3]	5	[4]	■	8		[3]	5	[4]	■	8
p_{3j}	8	[3]	5	■	3		8	■	5	■	6		8	■	5	■	6
r_{i+j}	2	0	0	8			2	6	0	8			2	6	0	14	

j	1	2	3	4	Z_i		1	2	3	4	Z_i		1	2	3	4	Z_i
p_{1j}	■	[4]	[2]	■	14		■	[4]	[2]	■	14		■	■	[2]	■	18
p_{2j}	[3]	5	■	■	12		■	5	■	■	15		■	[5]	■	■	15
p_{3j}	8	■	5	■	6		[8]	■	5	■	6		[8]	■	5	■	6
r_{i+j}	2	6	12	14			15	6	12	14			15	18	12	14	

j	1	2	3	4	Z_i		1	2	3	4	Z_i		1	2	3	4	Z_i
p_{1j}	■	■	■	■	20		■	■	■	■	20		■	■	■	■	20
p_{2j}	■	[5]	■	■	15		■	■	■	■	23		■	■	■	■	23
p_{3j}	[8]	■	[5]	■	6		[8]	■	[5]	■	6		■	■	[5]	■	23
r_{i+j}	15	18	20	14			15	23	20	14			23	23	20	14	

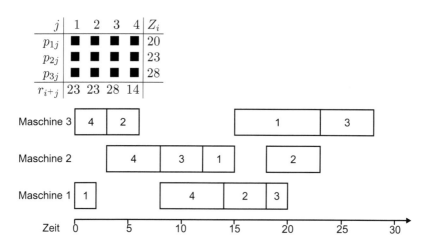

j	1	2	3	4	Z_i
p_{1j}	■	■	■	■	20
p_{2j}	■	■	■	■	23
p_{3j}	■	■	■	■	28
r_{i+j}	23	23	28	14	

b) Anwendung der FCFS-Regel mit SPT-Regel bei Gleichheit.

j	1	2	3	4	Z_i
p_{1j}	2	4	2	6	0
p_{2j}	3	5	4	5	0
p_{3j}	8	3	5	3	0
r_{i+j}	0	0	0	0	

	1	2	3	4	Z_i
	■	4	2	6	2
	3	5	4	5	0
	8	3	5	3	0
	2	0	0	0	

	1	2	3	4	Z_i
	■	4	2	6	2
	3	5	4	5	0
	8	■	5	3	3
	2	3	0	0	

j	1	2	3	4	Z_i
p_{1j}	■	4	2	6	2
p_{2j}	3	5	■	5	4
p_{3j}	8	■	5	3	3
r_{i+j}	2	3	4	0	

	1	2	3	4	Z_i
	■	■	2	6	7
	3	5	■	5	4
	8	■	5	3	3
	2	7	4	0	

	1	2	3	4	Z_i
	■	■	2	6	7
	3	5	■	5	4
	8	■	5	■	6
	2	7	4	6	

j	1	2	3	4	Z_i
p_{1j}	■	■	2	6	7
p_{2j}	■	5	■	5	7
p_{3j}	8	■	5	■	6
r_{i+j}	7	7	4	6	

	1	2	3	4	Z_i
	■	■	■	6	9
	■	5	■	5	7
	8	■	5	■	6
	7	7	9	6	

	1	2	3	4	Z_i
	■	■	■	6	9
	■	■	■	5	12
	8	■	5	■	6
	7	12	9	6	

j	1	2	3	4	Z_i
p_{1j}	■	■	■	6	9
p_{2j}	■	■	5	■	12
p_{3j}	■	■	5	■	15
r_{i+j}	15	12	9	6	

	1	2	3	4	Z_i
	■	■	■	6	9
	■	■	■	■	17
	■	■	5	■	15
	15	12	9	17	

	1	2	3	4	Z_i
	■	■	■	6	9
	■	■	■	■	17
	■	■	■	■	20
	15	12	20	17	

Anhang B. Lösungen zu den Aufgaben 157

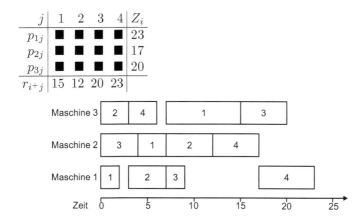

Ein besserer Ablaufplan ergibt sich durch Vertauschen der Aufträge 2 und 4 auf Maschine 2. Dadurch kann Auftrag 4 auf Maschine 1 früher beginnen und wir erhalten den folgenden Ablaufplan mit $C_{\max} = 20$:

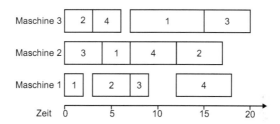

Aufgabe 36:
Zunächst werden folgende Vorrangbeziehungen notiert.

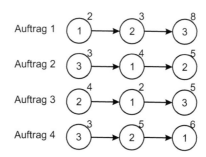

Auftrag 4 hat die längste Bearbeitungszeit, so dass $C_{\max}^{\text{akt}} = 14$ gilt. Es ergeben sich für die drei Maschinen die folgenden Hilfsprobleme, unter denen jeweils die optimale Reihenfolge notiert ist.

Maschine 1

j'	1	2	3	4
$p_{j'}$	2	4	2	6
$r_{j'}$	0	3	4	8
$d_{j'}$	3	9	9	14

Opt. Seq. $(1, 2, 3, 4)$
$L(1) := L_{\max} = 1$

Maschine 2

j'	1	2	3	4
$p_{j'}$	3	5	4	5
$r_{j'}$	2	7	0	3
$d_{j'}$	6	14	7	8

Opt. Seq. $(3, 1, 4, 2)$
$L(2) := L_{\max} = 3$

Maschine 3

j'	1	2	3	4
$p_{j'}$	8	3	5	3
$r_{j'}$	5	0	6	0
$d_{j'}$	14	5	14	3

Opt. Seq. $(4, 2, 1, 3)$
$L(3) := L_{\max} = 5$

Maschine 3 hat die größte Verspätung, so dass die optimale Sequenz für Maschine 3 in die Vorrangbeziehungen integriert wird.

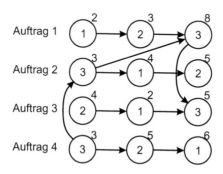

Dadurch erhalten wir $C_{\max}^{\text{akt}} = 19$. Für die ersten beiden Maschinen ist das Hilfsproblem erneut zu lösen.

Anhang B. Lösungen zu den Aufgaben

Maschine 1					Maschine 2				
j'	1	2	3	4	j'	1	2	3	4
$p_{j'}$	2	4	2	6	$p_{j'}$	3	5	4	5
$r_{j'}$	0	6	4	8	$r_{j'}$	2	10	0	3
$d_{j'}$	3	14	14	19	$d_{j'}$	6	19	12	13

Opt. Seq. $(1, 3, 2, 4)$ Opt. Seq. $(3, 1, 4, 2)$
$L(1) := L_{\max} = -1$ $L(2) := L_{\max} = 1$

Die Vorrangbeziehungen werden nun um die optimale Sequenz der Maschine 2 ergänzt, so dass sich die aktuelle Gesamtbearbeitungszeit auf $C_{\max}^{\mathrm{akt}} = 20$ erhöht.

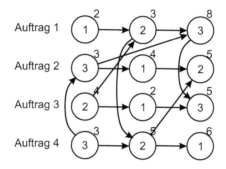

An dieser Stelle wird der vierte Schritt des Algorithmus erreicht, in dem die Reihenfolge der Maschine 3 nochmals überprüft wird. Dazu werden zunächst sämtliche Vorrangbeziehungen der dritten Maschine entfernt.

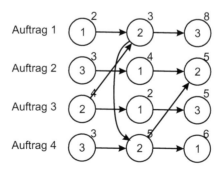

Ausgehend von diesen Vorrangbeziehungen wird das Hilfsproblem für Maschine 3 (erneut) aufgestellt.

$$
\begin{array}{c|cccc}
\multicolumn{5}{c}{\text{Maschine 3}} \\
j' & 1 & 2 & 3 & 4 \\
\hline
p_{j'} & 8 & 3 & 5 & 3 \\
r_{j'} & 7 & 0 & 6 & 0 \\
d_{j'} & 20 & 11 & 20 & 9 \\
\end{array}
$$

Opt. Seq. $(4, 2, 3, 1)$
$L(3) := L_{\max} = -1$

Die durch die optimale Reihenfolge resultierenden Vorrangbeziehungen werden wieder aufgenommen.

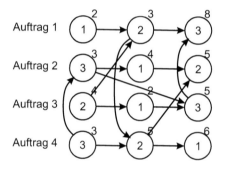

Es ist zu beachten, dass sich dadurch die aktuelle Gesamtbearbeitungszeit verringert: $C_{\max}^{\text{akt}} = 19$.

Nun werden die Schritte 3 und 4 zum dritten und letzten Mal durchlaufen. In Schritt 3 gilt es nur noch Maschine 1 einzuplanen, indem das Hilfsproblem aufgestellt wird.

$$
\begin{array}{c|cccc}
\multicolumn{5}{c}{\text{Maschine 1}} \\
j' & 1 & 2 & 3 & 4 \\
\hline
p_{j'} & 2 & 4 & 2 & 6 \\
r_{j'} & 0 & 6 & 4 & 10 \\
d_{j'} & 5 & 14 & 6 & 19 \\
\end{array}
$$

Opt. Seq. $(1, 3, 2, 4)$
$L(1) := L_{\max} = 0$

Durch Hinzufügen der optimalen Sequenz für Maschine 1 erhalten wir die folgenden Vorrangbeziehungen.

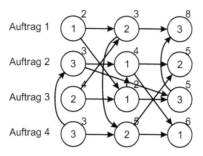

Abschließend wird im Schritt 4 noch überprüft, ob sich die Sequenzen der Maschinen 2 und 3 verbessern lassen. Dazu werden jeweils die durch die Maschinen induzierten Vorrangbeziehungen entfernt. Wir verzichten auf die Darstellung der jeweiligen Vorrangbeziehungen und zeigen nur die Hilfsprobleme, die zu keiner Veränderung der Sequenzen und somit auch zu keiner Verbesserung des Zielfunktionswertes führen.

	Maschine 2					Maschine 3			
j'	1	2	3	4	j'	1	2	3	4
$p_{j'}$	3	5	4	5	$p_{j'}$	8	3	5	3
$r_{j'}$	2	10	0	3	$r_{j'}$	7	0	6	0
$d_{j'}$	11	19	4	13	$d_{j'}$	19	9	19	8

Opt. Seq. $(3, 1, 4, 2)$ Opt. Seq. $(4, 2, 3, 1)$
$L(2) := L_{\max} = 0$ $L(3) := L_{\max} = 0$

Ausgehend von den Vorrangbeziehungen entsteht der folgende Ablaufplan, der mit einem Zielfunktionswert von 19 optimal ist:

Aufgabe 37:
Durch die Anwendung der LAPT-Regel entsteht folgender (optimaler) Ablaufplan mit einer Gesamtbearbeitungszeit von 42:

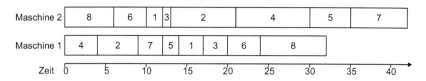

Aufgabe 38:
Die Anwendung des Verfahrens von Bräsel, Tautenhahn und Werner liefert folgenden Ablaufplan mit Gesamtbearbeitungszeit von 20.

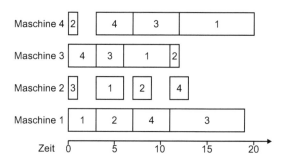

Es ist zu erkennen, dass die Pause auf Maschine 4 nicht erzwungen ist. Insbesondere kann der Auftrag 4 auf Maschine 3, der diese Pause verursacht, nach hinten verschoben werden. Dadurch entsteht folgender, optimaler Ablaufplan mit Zielfunktionswert 19.

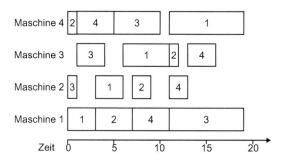

Anhang B. Lösungen zu den Aufgaben

Aufgabe 39:

a) Ausgehend von $(1,2,3,4)$ gibt es die folgenden drei Nachbarlösungen:

Lösung	$\sum T_j$
$(2,1,3,4)$	37
$(1,3,2,4)$	27
$(1,2,4,3)$	29

Die Lösung mit dem geringsten Zielfunktionswert wird ausgewählt, so dass $(1,3,2,4)$ mit $\sum T_j = 27$ die neue beste Lösung ist. Diese Lösung hat die folgenden Nachbarlösungen:

Lösung	$\sum T_j$
$(3,1,2,4)$	31
$(1,2,3,4)$	28
$(1,3,4,2)$	21

Wir erhalten die neue verbesserte Lösung $(1,3,4,2)$ mit $\sum T_j = 21$. Diese Lösung hat wiederum die folgenden Nachbarlösungen:

Lösung	$\sum T_j$
$(3,1,4,2)$	25
$(1,4,3,2)$	22
$(1,3,2,4)$	27

An dieser Stelle gibt es also keine bessere Nachbarlösung. Daher bricht das Verfahren ab.

b) Ausgehend von der Startlösung gibt es sechs Nachbarlösungen:

Lösung	$\sum T_j$
$(2,1,3,4)$	37
$(3,2,1,4)$	42
$(4,2,3,1)$	49
$(1,3,2,4)$	27
$(1,4,3,2)$	22
$(1,2,4,3)$	29

Durch die größere Nachbarschaft wird bereits nach der ersten Iteration eine deutlich verbesserte Lösung ermittelt. Die aktuelle Lösung ist $(1,4,3,2)$ mit $\sum T_j = 22$. Diese Lösung hat die folgenden Nachbarlösungen:

Lösung	$\sum T_j$
(4, 1, 3, 2)	27
(3, 4, 1, 2)	32
(2, 4, 3, 1)	47
(1, 3, 4, 2)	21
(1, 2, 3, 4)	28
(1, 4, 2, 3)	29

Die nächste Lösung ist somit $(1, 3, 4, 2)$ mit $\sum T_j = 21$. Diese Lösung hat die folgenden Nachbarlösungen:

Lösung	$\sum T_j$
(3, 1, 4, 2)	25
(4, 3, 1, 2)	32
(2, 3, 4, 1)	46
(1, 4, 3, 2)	22
(1, 2, 4, 3)	29
(1, 3, 2, 4)	27

An dieser Stelle ist keine Verbesserung mehr möglich. Daher bricht das Verfahren ab.

Aufgabe 40:
Die Startlösung $(1, 2, 3, 4, 5)$ liefert die obere Schranke $L_{\max}^{(UB)} = 7$. Die Lösung des relaxierten Problems liefert $L_{\max}^{(LB)} = 0$.

1. Fall: Als erstes wird Auftrag 1 eingeplant: $(1, \cdot, \cdot, \cdot, \cdot)$
Das relaxierte Problem führt wieder zu einem Zielfunktionswert von $L_{\max}^{(LB)} = 0$. Das Problem muss also weiter verzweigt werden.

Fall 1.1: Als zweites wird Auftrag 2 eingeplant: $(1, 2, \cdot, \cdot, \cdot)$
Das relaxierte Problem führt zu einem Zielfunktionswert von $L_{\max}^{(LB)} = 1$. Das Problem muss also weiter verzweigt werden.

Fall 1.1.1: $(1, 2, 3, \cdot, \cdot)$
Das relaxierte Problem führt zu einem Ablaufplan ohne Unterbrechung: $(1, 2, 3, 5, 4)$ mit $L_{\max} = 2$. **Speichere neue beste Lösung.** Setze $L_{\max}^{(UB)} = 2$.

Fall 1.1.2: $(1, 2, 4, \cdot, \cdot)$
$L_{\max}^{(LB)} = 8 \geq L_{\max}^{(UB)} = 2$.

Fall 1.1.3: $(1, 2, 5, \cdot, \cdot)$
$L_{\max}^{(LB)} = 7 \geq L_{\max}^{(UB)} = 2$.

Anhang B. Lösungen zu den Aufgaben 165

Fall 1.2: Als zweites wird Auftrag 3 eingeplant: $(1, 3, \cdot, \cdot, \cdot)$
Das relaxierte Problem führt zu einem Ablaufplan ohne Unterbrechung: $(1, 3, 5, 2, 4)$ mit $L_{\max} = 1$. **Speichere neue beste Lösung.** Setze $L_{\max}^{(UB)} = 1$.

Fall 1.3: Als zweites wird Auftrag 4 eingeplant: $(1, 4, \cdot, \cdot, \cdot)$
$L_{\max}^{(LB)} = 8 \geq L_{\max}^{(UB)} = 1$.

Fall 1.4: Als zweites wird Auftrag 5 eingeplant: $(1, 5, \cdot, \cdot, \cdot)$
$L_{\max}^{(LB)} = 7 \geq L_{\max}^{(UB)} = 1$.

2. Fall: Als erstes wird Auftrag 2 eingeplant: $(2, \cdot, \cdot, \cdot, \cdot)$
$L_{\max}^{(LB)} = 1 \geq L_{\max}^{(UB)} = 1$.

3. Fall: Als erstes wird Auftrag 3 eingeplant: $(3, \cdot, \cdot, \cdot, \cdot)$
$L_{\max}^{(LB)} = 4 \geq L_{\max}^{(UB)} = 1$.

4. Fall: Als erstes wird Auftrag 4 eingeplant: $(4, \cdot, \cdot, \cdot, \cdot)$
$L_{\max}^{(LB)} = 8 \geq L_{\max}^{(UB)} = 1$.

5. Fall: Als erstes wird Auftrag 5 eingeplant: $(5, \cdot, \cdot, \cdot, \cdot)$
$L_{\max}^{(LB)} = 11 \geq L_{\max}^{(UB)} = 1$.

Der optimale Ablaufplan ist also $(1, 3, 5, 2, 4)$ mit Zielfunktionswert 1.

Aufgabe 41:
Der zulässige Ablaufplan $(3, 1, 5, 2, 4)$ liefert als obere Schranke den Zielfunktionswert $(\sum T_j)^{(UB)} = 8$. Das relaxierte Problem liefert einen Zielfunktionswert in Höhe von $(\sum T_j)^{(LB)} = 5$.

1. Fall: $(\cdot, \cdot, \cdot, \cdot, 1)$
$T_1 = 10 \geq (\sum T_j)^{(UB)} = 8$

2. Fall: $(\cdot, \cdot, \cdot, \cdot, 2)$
$(\sum T_j)^{(LB)} = 10 \geq (\sum T_j)^{(UB)} = 8$

3. Fall: $(\cdot, \cdot, \cdot, \cdot, 3)$
$T_3 = 11 \geq (\sum T_j)^{(UB)} = 8$

4. Fall: $(\cdot, \cdot, \cdot, \cdot, 4)$
$(\sum T_j)^{(LB)} = 6$ Weiter verzweigen.

Fall 4.1: $(\cdot, \cdot, \cdot, 1, 4)$
$T_1 + T_4 = 10 \geq (\sum T_j)^{(UB)} = 8$

Fall 4.2: $(\cdot,\cdot,\cdot,2,4)$
$(\sum T_j)^{(LB)} = 7$ Weiter verzweigen.
  Fall 4.2.1: $(\cdot,\cdot,1,2,4)$
  $T_1 + T_2 + T_4 = 10 \geq (\sum T_j)^{(UB)} = 8$
  Fall 4.2.2: $(\cdot,\cdot,3,2,4)$
  $T_3 + T_2 + T_4 = 11 \geq (\sum T_j)^{(UB)} = 8$
  Fall 4.2.3: $(\cdot,\cdot,5,2,4)$
  $(\sum T_j)^{(LB)} = 8 \geq (\sum T_j)^{(UB)} = 8$
Fall 4.3: $(\cdot,\cdot,\cdot,3,4)$
$T_3 + T_4 = 11 \geq (\sum T_j)^{(UB)} = 8$
Fall 4.4: $(\cdot,\cdot,\cdot,5,4)$
$(\sum T_j)^{(LB)} = 7$ Weiter verzweigen.
  Fall 4.4.1: $(\cdot,\cdot,1,5,4)$
  $T_1 + T_5 + T_4 = 9 \geq (\sum T_j)^{(UB)} = 8$
  Fall 4.4.2: $(\cdot,\cdot,2,5,4)$
  $(\sum T_j)^{(LB)} = 8 \geq (\sum T_j)^{(UB)} = 8$
  Fall 4.4.3: $(\cdot,\cdot,3,5,4)$
  $T_3 + T_5 + T_4 = 10 \geq (\sum T_j)^{(UB)} = 8$
5. Fall: $(\cdot,\cdot,\cdot,\cdot,5)$
$(\sum T_j)^{(LB)} = 9 \geq (\sum T_j)^{(UB)} = 8$

Der optimale Ablaufplan entspricht also der Startlösung.

Literaturverzeichnis

Adam, J., Balas, E., und Zawack, D. (1988). The shifting bottleneck procedure for job shop scheduling. *Management Science*, 34(3):391–401.

Akers, S. B. (1956). A graphical approach to production scheduling problems. *Operations Research*, 4:244–245.

Albers, S. (2003). Online algorithms: a survey. *Mathematical Programming*, 97(1–2):3–26.

Allahverdi, A., Ng, C., Cheng, T., und Kovalyov, M. Y. (2008). A survey of scheduling problems with setup times or costs. *European Journal of Operational Research*, 187(3):985–1032.

Biskup, D. (2008). A state-of-the-art review on scheduling with learning effects. *European Journal of Operational Research*, 188(2):315–329.

Błażewicz, J., Ecker, K., Pesch, E., Schmidt, G., und Węglarz, J. (2007). *Handbook on Scheduling*. Springer, Berlin.

Boysen, N., Fliedner, M., und Scholl, A. (2007). A classification of assembly line balancing problems. *European Journal of Operational Research*, 183(2):674–693.

Bräsel, H., Tautenhahn, T., und Werner, F. (1993). Constructive heuristic algorithms for the open shop problem. *Computing*, 51(2):95–110.

Briskorn, D. und Stolletz, R. (2014). Aircraft landing problems with aircraft classes. *Journal of Scheduling*. Erscheint.

Brucker, P., Drexl, A., Mohring, R., Neumann, K., und Pesch, E. (1999). Resource-constrained project scheduling: Notation, classification, models, and methods. *European Journal of Operational Research*, 112(1):3–41.

Bruno, J., Coffman, Jr., E. G., und Sethi, R. (1974). Scheduling independent tasks to reduce mean finishing time. *Communications of the ACM*, 17(7):382–387.

Burkard, R., Dell'Amico, M., und Martello, S. (2009). *Assignment Problems*. Society for Industrial and Applied Mathematics, Philadelphia, PA, USA.

Chen, B. und Strusevich, V. A. (1993). Approximation algorithms for three-machine open shop scheduling. *INFORMS Journal on Computing*, 5(3):321–326.

Cheng, R., Gen, M., und Tsujimura, Y. (1996). A tutorial survey of job-shop scheduling problems using genetic algorithms, part I: representation. *Computers & Industrial Engineering*, 30(4):983–997.

Cheng, R., Gen, M., und Tsujimura, Y. (1999). A tutorial survey of job-shop scheduling problems using genetic algorithms, part II: hybrid genetic search strategies. *Computers & Industrial Engineering*, 36(2):343–364.

Cook, S. A. (1971). The complexity of theorem-proving procedures. In *Proceedings of the third annual ACM symposium on Theory of computing*, STOC '71, Seiten 151–158, New York, NY, USA. ACM.

Domschke, W. (2007). *Logistik, Transport*. Oldenbourg Verlag, München.

Domschke, W., Scholl, A., und Voß, S. (1997). *Produktionsplanung: ablauforganisatorische Aspekte*. Springer, London.

Dorigo, M. und Blum, C. (2005). Ant colony optimization theory: A survey. *Theoretical Computer Science*, 344(2–3):243–278.

Dorndorf, U. (2002). *Project scheduling with time windows: From theory to applications*. Physica-Verlag, Heidelberg.

Dorndorf, U. und Pesch, E. (1994). Variable depth search and embedded schedule neighbourhoods for job shop scheduling. In *Proceedings of the Fourth International Workshop on Project Management and Scheduling (PMS)*, Seiten 232–235.

Dorndorf, U. und Pesch, E. (1995). Evolution based learning in a job shop scheduling environment. *Computers & OR*, 22(1):25–40.

Dorndorf, U., Pesch, E., und Phan-Huy, T. (2000). A time-oriented branch-and-bound algorithm for resource-constrained project scheduling with generalised precedence constraints. *Management Science*, 46(10):1365–1384.

Du, J. und Leung, J. Y. (1990). Minimizing total tardiness on one machine is NP-hard. *Mathematics of Operations Research*, 15(3):483–495.

Dubois, D., Fargier, H., und Fortemps, P. (2003). Fuzzy scheduling: Modelling flexible constraints vs. coping with incomplete knowledge. *European Journal of Operational Research*, 147(2):231–252.

Franck, B., Neumann, K., und Schwindt, C. (2001). Truncated branch-and-bound, schedule-construction, and schedule-improvement procedures for resource-constrained project scheduling. *OR Spektrum*, 23(3):297–324.

Garey, M. R. und Johnson, D. S. (1979). *Computers and Intractability - A guide to the theory of NP-completeness*. W.H. Freeman and Company.

Garey, M. R., Johnson, D. S., und Sethi, R. (1976). The complexity of flowshop and jobshop scheduling. *Mathematics of Operations Research*, 1(2):117–129.

Ghirardi, M. und Potts, C. (2005). Makespan minimization for scheduling unrelated parallel machines: A recovering beam search approach. *European Journal of Operational Research*, 165(2):457–467.

Giffler, B. und Thompson, G. L. (1960). Algorithms for solving production-scheduling problems. *Operations Research*, 8(4):487–503.

Glover, F. (1989). Tabu Search – Part I. *ORSA Journal on Computing*, 1(3):190–206.

Glover, F. (1990). Tabu Search – Part II. *ORSA Journal on Computing*, 2(1):4–32.

Glover, F. und Rego, C. (2006). Ejection chain and filter-and-fan methods in combinatorial optimization. *4OR*, 4(4):263–296.

Günther, H.-O. und Tempelmeier, H. (2013). *Produktion und Logistik*. BoD – Books on Demand.

Gonzalez, T. und Sahni, S. (1976). Open shop scheduling to minimize finish time. *Journal of the ACM*, 23(4):665–679.

Gonzalez, T. und Sahni, S. (1978). Flowshop and jobshop schedules: Complexity and approximation. *Operations Research*, 26(1):36–52.

Graham, R. L. (1966). Bounds for certain multiprocessing anomalies. *Bell System Technical Journal*, 45:1563–1581.

Graham, R. L. (1969). Bounds on multiprocessing timing anomalies. *SIAM Journal on Applied Mathematics*, 17(2):416–429.

Graham, R. L., Lawler, E. L., Lenstra, J. K., und Rinnooy Kan, A. H. G. (1979). Optimization and approximation in deterministic sequencing and scheduling: a survey. *Annals of Discrete Mathematics*, 4:287–326.

Graves, G. H. und Lee, C.-Y. (1999). Scheduling maintenance and semiresumable jobs on a single machine. *Naval Research Logistics (NRL)*, 46(7):845–863.

Hartmann, S. und Briskorn, D. (2010). A survey of variants and extensions of the resource-constrained project scheduling problem. *European Journal of Operational Research*, 207(1):1–14.

Höhn, W., Jacobs, T., und Megow, N. (2012). On Eulerian extensions and their application to no-wait flowshop scheduling. *Journal of Scheduling*, 15(3):295–309.

Jansen, K. und Margraf, M. (2008). *Approximative Algorithmen und Nichtapproximierbarkeit*. De Gruyter, Berlin, Boston.

Johnson, S. M. (1954). Optimal two- and three-stage production schedules with setup times included. *Naval Research Logistics Quarterly*, 1(1):61–68.

Karp, R. (1972). Reducibility among combinatorial problems. In Miller, R. und Thatcher, J., Editoren, *Complexity of Computer Computations*, Seiten 85–103. Plenum Press.

Kawaguchi, T. und Kyan, S. (1986). Worst case bound of an LRF schedule for the mean weighted flow-time problem. *SIAM Journal on Computing*, 15(4):1119–1129.

Kolisch, R. und Padman, R. (2001). An integrated survey of deterministic project scheduling. *Omega*, 29(3):249–272.

Koulamas, C., Antony, S., und Jaen, R. (1994). A survey of simulated annealing applications to operations research problems. *Omega*, 22(1):41–56.

Labetoulle, J., Lawler, E. L., Lenstra, J. K., und Rinnooy Kan, A. H. G. (1982). Preemptive scheduling of uniform machines subject to release dates. *Progress in combinatorial optimization*, Seiten 245–261.

Lawler, E. (1990). A dynamic programming algorithm for preemptive scheduling of a single machine to minimize the number of late jobs. *Annals of Operations Research*, 26:125–133.

Lawler, E. L. und Moore, J. M. (1969). A functional equation and its application to resource allocation and sequencing problems. *Management Science*, 16(1):77–84.

Lee, C.-Y. (1996). Machine scheduling with an availability constraint. *Journal of Global Optimization*, 9(3–4):395–416.

Lei, D. (2009). Multi-objective production scheduling: a survey. *The International Journal of Advanced Manufacturing Technology*, 43(9–10):926–938.

Lenstra, J. und Rinnooy Kan, A. (1979). Computational complexity of discrete optimization problems. In Hammer, P., Johnson, E., und Korte, B., Editoren, *Discrete Optimization I Proceedings of the Advanced Research Institute on Discrete Optimization and Systems Applications of the Systems Science Panel of NATO and of the Discrete Optimization Symposium*, volume 4 of *Annals of Discrete Mathematics*, Seiten 121–140. Elsevier.

Lenstra, J., Rinnooy Kan, A., und Brucker, P. (1977). Complexity of machine scheduling problems. In Hammer, P., Johnson, E., Korte, B., und Nemhauser, G., Editoren, *Studies in Integer Programming*, volume 1 of *Annals of Discrete Mathematics*, Seiten 343 – 362. Elsevier.

Lenstra, J. K. und Rinnooy Kan, A. H. G. (1978). Complexity of scheduling under precedence constraints. *Operations Research*, 26(1):22–35.

Lenstra, J. K. und Rinnooy Kan, A. H. G. (1980). Complexity results for scheduling chains on a single machine. *European Journal of Operational Research*, 4(4):270–275.

Merkle, D., Middendorf, M., und Schmeck, H. (2002). Ant colony optimization for resource-constrained project scheduling. *IEEE Transactions on Evolutionary Computation*, 6(4):333–346.

Moore, J. M. (1968). An n job, one machine sequencing algorithm for minimizing the number of late jobs. *Management Science*, 15(1):102–109.

Oliveira, E. und Smith, B. (2001). A combined constraint-based search method for single-track railway scheduling problem. In Brazdil, P. und Jorge, A., Editoren, *Progress in Artificial Intelligence*, volume 2258 of *Lecture Notes in Computer Science*, Seiten 371–378. Springer Berlin Heidelberg.

Ouelhadj, D. und Petrovic, S. (2009). A survey of dynamic scheduling in manufacturing systems. *Journal of Scheduling*, 12(4):417–431.

Ow, P. S. und Morton, T. E. (1988). Filtered beam search in scheduling. *International Journal of Production Research*, 26(1):35–62.

Pinedo, M. (2012). *Scheduling: Theory, Algorithms, and Systems*. Springer.

Röck, H. und Schmidt, G. (1983). Machine aggregation heuristics in shop scheduling. *Methods of Operations Research*, 45:303–314.

Sabuncuoglu, I. und Bayiz, M. (1999). Job shop scheduling with beam search. *European Journal of Operational Research*, 118(2):390–412.

Scholl, A., Boysen, N., und Fliedner, M. (2013). The assembly line balancing and scheduling problem with sequence-dependent setup times: problem extension, model formulation and efficient heuristics. *OR Spectrum*, 35(1):291–320.

Schwiegelshohn, U. (2011). An alternative proof of the Kawaguchi-Kyan bound for the largest-ratio-first rule. *Operations Research Letters*, 39(4):255–259.

Suman, B. und Kumar, P. (2006). A survey of simulated annealing as a tool for single and multiobjective optimization. *Journal of the Operational Research Society*, 57(18):1143–1160.

Turing, A. (1936). On computable numbers, with an application to the entscheidungsproblem. *Proceedings of the London Mathematical Society Series 2*, 42:230–265.

van Laarhoven, P. J. M., Aarts, E. H. L., und Lenstra, J. K. (1992). Job shop scheduling by simulated annealing. *Operations Research*, 40(1):113–125.

Wolpert, D. H. und Macready, W. G. (1997). No free lunch theorems for optimization. *IEEE Transactions on Evolutionary Computation*, 1(1):67–82.

Yuan, J. (1992). The NP-hardness of the single machine common due date weighted tardiness problem. *Systems Science and Mathematical Sciences*, 5(4):328–333.

Stichwortverzeichnis

3-Partition .... 44 f., 66 f.
$\sum C_j$ siehe Fertigstellungszeitpunkte, Summe der
$\sum T_j$. siehe Terminüberschreitungen, Summe der
$\sum U_j$ siehe Terminüberschreitungen, Anzahl der
$\sum w_j C_j$ .... siehe Fertigstellungszeitpunkte, Gewichtete Summe der
$\sum w_j T_j$ .... siehe Terminüberschreitungen, Gewichtete Summe der
$\sum w_j U_j$ .... siehe Terminüberschreitungen, Gewichtete Anzahl der

Ablaufplan 4, 11
- dichter 95
Ablaufplanungsproblem . 11 f., 16, 32, 34, 38, 99, 101 f., 115
Akers
- Verfahren von ...... 71 ff., 124
Alphabet .... 22 ff., 118
Ankunftszeit (r_j) 11 ff., 30 f., 38, 40 ff., 49 f., 83 f., 103, 106, 110 f., 120 f., 127
Aufgabe .... 75 f.
Auftrag .... 3 f., 115

Bearbeitungszeit 4, 11, 13
Bergsteigeralgorithmus 108, 126
Binärdarstellung 24, 26
Branch-and-Bound 109, 127
Bräsel, Tautenhahn und Werner
- Verfahren von ...... 96 ff., 162

C_j .... siehe Fertigstellungszeitpunkt

$C_{\max}$ .... siehe Gesamtdauer

d_j .... siehe Liefertermin
Dreifeldnotation 11 ff., 103 f., 115, 123

Ejection-Chains .... 107 f.
Entscheidungsproblem 21 ff., 49, 117 f.

FCFS-Regel 76, 126
Fertigstellungszeitpunkt . 4, 11 ff., 123
- Gewichtete Summe der 15 f., 18, 21 ff., 28 f., 31, 34 f., 39 ff., 50, 60 f., 106, 120, 122
- Summe der. 14, 31, 34 f., 39 ff., 48, 50, 60, 115, 117, 120
Flow Shop .... 12 ff., 63 ff., 73, 104
- flexibles 104

Gantt-Diagramm 9
Gesamtdauer ... 14, 32, 35, 38 f., 50 ff.
Gewicht (w_j) .... 11 ff.
Giffler und Thompson
- Verfahren von . . 75 ff., 91, 95 f., 125
Gonzalez und Sahni
- Verfahren von .... 67 f., 123
Graham-Anomalien .... 56 ff.

Heuristik .. 54, 61, 67, 82, 93, 96, 106

Instanz .... 21 f.

Job .... siehe Auftrag
Job Shop .... 12, 63, 71 ff., 104, 106 ff.
Johnsons Algorithmus ..... 65 ff., 123

Kodierung .... 21 ff., 27, 49
KOZ-Regel .... siehe SPT-Regel

LAPT-Regel............76, 91 f., 126
Laufzeit................27 f., 49, 119
Liefertermin (d_j) .. 4, 11 ff., 37, 43 ff., 103
Lieferterminregel....5 ff., 28, 52, 112, 126, 129, 133
List Scheduling...................52
L_{max} ... siehe Verspätung, maximale
LOZ-Regel......... siehe LPT-Regel
LPT-Regel .. 52 ff., 66, 76, 78 ff., 121, 126
LRPT-Regel...........76, 78 ff., 125
LTT-Regel...................76, 126

Metastrategie............101, 106 ff.
Minimaler-Schlupf-Regel.........117
Moore
  - Verfahren von........7 ff., 115

Nachbarschaft.............107 f., 127
NP (Komplexitätsklasse)..........29
NP-Schwere .... 28 ff., 50
  - im strengen Sinne........49 f.
NP-vollständig....................31
nwt (no wait) . 14, 63, 68 ff., 104, 116

Open Shop..............12, 63, 91 ff.
Optimierungsproblem .. 12, 21 ff., 32, 106, 117

P (Komplexitätsklasse)........28, 50
Partitionsproblem..........93 f., 119
p_j .... siehe Bearbeitungszeit
pmtn........... siehe Unterbrechung
prec....... siehe Vorrangbeziehungen
Prioritätsregel ... 52, 56, 75 f., 82, 91, 101, 108, 110, 112
prmu (permutation)..14, 63 ff., 68 ff., 116, 122, 124
Problem des Handlungsreisenden 39 f.

Rüstzeiten
  - reihenfolgeabhängige (s_{jk}).13, 38 ff., 44, 46, 50, 102 f.
  - reihenfolgeunabhängige 13
Reduktion................30, 32, 34
Ressource.............3 f., 11 f., 115
r_j .... siehe Ankunftszeit
Röck und Schmidt

- Verfahren von .. 69 f., 123, 150
Rucksackproblem.................37

SAPT-Regel.....................76
Schedule........... siehe Ablaufplan
Shifting-Bottleneck Heuristik .. 82 ff., 126
s_{jk}.................siehe Rüstzeiten, reihenfolgeabhängige
Sprache...................22 ff., 118
SPT-Regel. 48, 60, 66, 76, 112, 125 f., 129
SRPT-Regel...............42, 76, 78
STT-Regel......................76

Tabusuche....................107 f.
Terminüberschreitung........15, 103
  - Anzahl der 15, 28, 34 f., 46, 50
  - Gewichtete Anzahl der.15, 35, 37, 47, 50, 121
  - Gewichtete Summe der.... 15, 34 f., 37, 48, 50, 106, 119
  - Summe der15, 34 f., 37, 47, 50, 91, 112, 126 f.
Turingmaschine
  - deterministische. 24 ff., 49, 118
  - nichtdeterministische .... 28 ff.
übereinstimmend
  - Gewichte und Bearb.zeiten 46, 121
Unärdarstellung...........24, 27, 49
Unterbrechung (pmtn)..... 13, 41 ff., 49 ff., 59, 110

Verspätung....................4, 15
  - maximale........... 4, 14, 28, 30 ff., 34 f., 43 ff., 50, 83 f., 110, 117, 121, 127
  - Summe der...............117
Vorrangbeziehungen (prec).......13, 31, 38 ff., 44, 46, 50, 57, 82, 106, 120 f.

w_j .... siehe Gewicht
Wort....................22 ff., 118
WSPT-Regel .... 18, 60 f., 122

Zuordnungsproblem..........97, 119

Printed in Poland
by Amazon Fulfillment
Poland Sp. z o.o., Wrocław